富貴窮人講究人將窮就就

右錄吳海光先生風水句
歲在乙未九冀英茫書

東方的神話，
四十多年的經濟奇蹟

大師風水─住對房子，富貴一輩子3

吳海揚 Master Wu ◎著

大師風水

東方的神話，四十多年的經濟奇蹟
大師風水──住對房子，富貴一輩子3

作　　　者	吳海揚 Master Wu
封面設計	玉　堂
特約美編	顏麟驊
主　　編	劉信宏

發 行 人	吳海揚
經　　銷	柿子文化事業有限公司
地　　址	11677臺北市羅斯福路五段158號2樓
業務專線	（02）89314903#15

初版一刷	2024年11月
定　　價	新臺幣450元
ＩＳＢＮ	978-626-7408-93-3

Printed in Taiwan 版權所有，翻印必究（如有缺頁或破損，請寄回更換）

國家圖書館出版品預行編目(CIP)資料

東方的神話，四十多年的經濟奇蹟／吳海揚 Master Wu 著. -- 一版. -- 臺北市：柿子文化事業有限公司，2024.11
272 面；17×23 公分. --（大師風水）
ISBN 978-626-7408-93-3（平裝）
1.CST：勘輿

294　　　　　　　　　　　　　　　113015434

人稟天地之氣而生，乃生者不能不死，
故生必有宅，死必有墳。
若宅墳俱吉，則人鬼均安。
人安則家道興隆，鬼安則子孫昌盛，
是以人當擇地而居，尤當擇地而葬。
——《水龍經》——

周流八卦，顛倒九疇，察來彰往，索隱探幽，
承生承旺，得之足善，逢衰逢謝，失則堪憂。
——《飛星賦》——

好·評·推·薦

風水界高人──吳海揚大師

吳國斌醫師
　　國立台灣大學土木工程學研究所碩士、心醫堂中醫診所院長

　　風水大師，深諳陰陽五行之理，應用於風水堪輿，準確率極高，並可推算過去、預知未來，吳海揚大師即是此風水高人。

　　談到風水，許多人都會嗤之以鼻，認為是迷信。其實風水是一門深奧的學問，是古代「天人合一（相應）」、「陰陽五行」之理在人世間的具體應用，完全實用、實際。風水，古稱青囊、青烏、堪輿，晉郭璞之後民間始稱風水。

　　何謂「風水」？郭璞所著《葬經》曰：「葬者，乘生氣也……氣乘風則散，界水則止。古人聚之使不散，行之使有止，故謂之風水。」

　　何謂生氣？生氣無形，何以察之！生氣即在天地之間不斷運行的一股生生不息的能量，在天則運行於宇宙虛空之中，在地則生發萬物。此生氣，「藏於地中，人不可見，惟循地之理以求之，然後能知其所在。」

　　《易傳‧繫辭上》曰：「在天成象，在地成形，變化見矣。」宇宙天象的變化，在人世間都有對應。古代聖人為掌握天地運行之理，將其簡化

為世人所用，故有「河圖」「洛書」之圖。風水學即是洛書（又名後天八卦或文王八卦）天地變化之理的具體應用。

民間的風水學派甚多，吳海揚大師是「玄空風水」學派的大師。「玄」是時間，「空」是空間。所謂玄空風水，就是探討某一特定「空間」、在某一特定「時間」裡，發生吉、凶、悔、吝的一門學問。

吳海揚大師不同於一般的風水師，對風水古籍鑽研極深，古書中的經典內容，信手拈來，琅琅上口。對於住在不同風水之地的吉凶，預測極為準確。

大師為人真誠、直率、心思縝密、認真嚴謹、責任感極重，不會隨便看個風水，收錢了事。真正好的風水能福蔭己身，增益「丁、財、貴、壽」。大師常為了有緣的客戶絞盡心思，多方鑑定，找尋極佳的風水，為使客戶能有好的安身立命之基，絕不馬虎，令人佩服！

大師為人善良，經常救濟貧苦。他常說有福德之人，才能住到好的風水寶地；相對地，雖然住在好的風水寶地，但為人作惡多端，再好的風水也會變壞。因此，他常鼓勵人要行善積德，為人要善良、真誠。

吳海揚大師新書出版，能夠讓更多讀者領略玄空風水的神妙之處，啟發良善，為社會注入一股清流。真誠推薦，細心品讀。樂為之序。

從谷底攀升，翻轉人生的力量

陳蔚綺
台中市立台中特殊教育學校學務主任、
社團法人台灣身心障礙者音樂關懷協會理事長

　　與吳海揚大師第一次碰面是在二〇一五年十二月，當時先夫才剛於十一月離世不久，面對未來要獨立撐起兩個女兒學業的重擔，以及為何從未有算命老師提過我會喪偶的事，心中不禁感到憤恨不平並有疑慮，問題是出在房子的風水嗎？

　　萬念俱灰地鼓起勇氣聯絡吳海揚大師，很意外地立刻收到大師的回覆，願意到台中來看我家的風水。老實說，當下聽到吳大師的價碼遲疑了一下，但因為「我要找答案！我必須改變！」便立刻答應了。

　　那天，我到台中高鐵站接吳大師，途中我隻字未提目前的處境，在大師仔細門裡門外以羅盤鑑定後，我永遠記得當時大師面色凝重地看著我，緩慢而堅定地對我說：「陳小姐，妳這房子不能住人！盡快搬走！否則妳和先生不是生離就是死別，這是一戶寡婦居！」聽完這段話，我的情緒非常激動，整個頭皮都發麻了。

　　心想：我終於得到解答了！

　　吳大師的一席話我放在心上，我一定要離開這個房子，才能重新開

始,才有機會越來越好!後來找到現在住的房子之後,請大師幫我再次鑑定是否合宜,大善人吳大師體恤我一個人養兩個孩子,又是一位教導扶助身心障礙學生的特教老師,竟然只收上回鑑定費的六分之一價!

我當時感動到目瞪口呆,眼中含著淚向吳大師道謝,更高興的是,這個新房子吳大師評比為七十五分(舊家三十分),讓我很安心地和孩子們搬入住下至今。

這些年來,我們都很愛新家,兩個女兒健康快樂成長,學業成績都保持不錯,家庭氣氛融洽,原本擔心的家庭開銷也能維持穩定無虞,我在工作上升任至學校一級主管(教務主任和學務主任),我所創立的社團法人「台灣身心障礙者音樂關懷協會」,這些年來帶領身障學生出國比賽或演出,皆能募款順利並獲得佳績,我比之前更能自在地「做自己」,並且有更多的時間與精力投身做公益,培育身心障礙學生學習音樂,在國內外舞台發光發熱!

身體健康,心情愉悅,思路清晰,一路走來,總有無數的貴人提攜幫助我,更重要的是,找到溫柔體貼善解人意的老伴!

大師也是一位大善人,常常會請他的客戶捐款給我,他會詢問有沒有人捐款?我才知道有捐款的顧問費不變,沒捐款的顧問費增加一倍,大師本身也捐助十二萬元給身障音樂協會幫助身障弱勢學生。吳海揚大師將我從谷底攀升而起,翻轉了我的人生!感謝您,您是我一生最大的恩人!

啟發人心的人生智慧

華奕超
前台灣高等法院民事庭法官、伯衡法律事務所桃園所所長、台灣警察專科學校刑事訴訟課程教官

因為工作的緣故,「理性」向來是我的唯一思考,不論是人生中的順境、逆境,我始終深信著生命中所獲得的一切美好,都源於自身努力爭取而來;至於生活中的不順遂,則可能是努力不夠,仍有諸多不足之處。縱有失落,我都採取在困境中找到解決辦法,作為自身運行的軌道途徑。

然而,直到有幸認識老師之後,經過與老師的相處,讓我發現到所謂人生的軌道,未必只有一條,如果藉由其他方式的加乘,反而更能讓自己在追求目標過程中,獲得意想不到的功效。而「風水」,對一個人或一間公司而言,它的影響是不可言喻的,無論是對自身、事業或家人健康等,都有著無形的關連影響,老師的指導讓我的內心多了一份踏實、安心的感覺,那種安心感是前所未有的觸動與發現。

我在與老師相處的這段過程中,深刻體會到,老師指導我的,不單單只有風水,老師像是亦師亦友的存在,他總是會循循善誘地提醒我,指導我各方面的事項,風水固然重要,但孝順父母、善心助人、積極生活等更是幸福的關鍵。

雖然老師在風水界已是大師級的人物，更與我的年齡有著不小的差距，但年齡只是數字，心靈源源不絕的衝勁才是老師給我最真實的感受，在與老師相處的過程中，可以感到老師不僅幽默風趣、口才便給，討論風水專業時，更是引經據典、深入淺出，使我們能在面對難關時，如同一盞明燈般可照亮前方；此外，老師更是一位十分暖心的朋友，碰面時總是先關心我的生活、我的家人，以及他之前給的建議還好嗎？生活有無因此變得順利？老師總是謙虛地說，他是想驗證風水理論是否正確，但實際上老師一直以來都是透過自己的專業實踐他人的幸福，如同老師的笑容一般，和煦而溫暖，而這些福報又再回到老師身上。

老師的兩本大作《住對房子，富貴一輩子》1＆2是蘊藏專業與智慧的好書，「風水知識」、「風水小叮嚀」指出某些風水上根本的錯誤，並愛引風水經典著作以實其說，輔以圖示令讀者能明白老師的教學內容；分享真實案例而非僅是徒拖空言；「風水背後的智慧」更是老師四十載對風水的研究及老師的人生哲理。拜讀後，我一直期待老師能有新的著作。

望穿秋水，終於盼到老師的新書即將問世，老師不吝透過本書分享他的人生智慧，原因無他，只因老師知道他的專業可以幫助到更多人，即便無法親臨現場給予風水上的建議，但讀者仍能透過本書了解風水是如何與生活息息相關。

台灣、中國、日本、加拿大，任何有華人的地方、任何相信風水或即便仍存半信半疑的朋友，在此我十分推薦老師的著作，它不只是學習風水的專業，更衷心期盼老師的正念，能帶給這個社會更多的美好。

目錄 CONTENTS

好評推薦　4

走過風水之路四十多年　16

東方神祕的風水是世界上最偉大的發明　22

向世界發聲　24

玄空風水談財富與人類疾病　41

第一章　扭轉生命契機的大師風水　47

從風水看天下——美國的強大國運真的走盡了嗎？　48

美國的「富人講究，窮人將就」　51

用風水建造一流的大都市　53

NVIDIA會沒落嗎？——風水地形的重要　55

你是選「價格」還是「價值」呢？　56

住在「富貴線」上，才能捧著錢一路笑到銀行去　58

你適合什麼樣的房子？——命卦吉凶才是住家選擇最佳法則　60

改變命運的方法　62

人生的轉變，其實都在一念之間　64

將危機化為轉機——玄空風水創造活易學的奇蹟　66

命格再好，真的不如風水好　69

三十功名塵土都是好福氣！　72

人應該順應大自然的力量——留意環境的陷阱　74

同年、同月、同日生，命運就會一樣嗎？　76

真正的風水學，人生最高的境界　78

欲練神功，揮劍自宮就能成就？　80

「福澤天定」與「完美極致」如何相得益彰？　82

真正的智者能知所進退——歷史皇朝給予的啟示　84

福地真的福人居？——未來二十年特別要注意的環保議題！　86

為何要百分之百的敬業態度？　88

第二章　尋找好風水的基本認知　91

易學是命理風水學的基礎　92

飛龍在天——風水學裡的「生氣」　94

羅經差——線，富貴就不見　96

奇遇與畸緣　98

怎麼找藥方，找出一條活路？　100

風水不對，貧病交迫何其多！　102

台灣科技業為什麼那麼了不起？　104

貪於小利以失大利——奧祕而有趣的學問　106

慎終追遠，民德歸厚矣　108

木本水源——陽宅主家道興隆，陰宅主子孫昌盛　110

孟母為何要三遷？——好風水絕對贏過千萬金　113

天助、人助，還得自助——桃花與破敗　115

窮變富，病化無——從建築風水堪輿學到老子哲學　117

虛心與謙卑的態度和成功成正比　119

只有勇敢轉變，人生才有新希望　121

第三章　好風水從懂得做人開始　123

你的富貴耐久嗎？　124

強大企業最重要的關鍵——態度　127

風水不對又不孝，當然富不過三代　129

講究禮義廉恥，會帶來好運的！　131

愈是成熟的稻穗，愈是低垂！　133

富貴不淫——花心與貪婪　135

孝悌傳家才會有福氣的人生　138

能改變人生的因果與慈悲　141

巧詐不如拙誠——買賣房子不能只靠運氣　143

偷雞不著蝕把米——投機取巧只會誤人又誤己　144

只能祈禱上天保佑自己嗎？　146

人類最根本的問題——信任　149

第四章　風水如何度量你的人生經緯　151

能辯證吉凶，才可能改變命運　152

機運往往在一念之間的轉變　154

We are the World! World is the love!　156

在荊棘的路上，依然唱著美好歌聲　158

態度與智慧是人生大船的帆　161

作用與反作用力　163

是道則進，非道則退　165

人生不設限——堅信會成功的人，就一定會成功　167

世界上最寶貴的資源是什麼？　169

富豪御用風水師陳朗遺訓　171

把時光留給生命的沉澱　174

第五章　那些人、那些事，因為風水而扭轉了命運！　177

創業成功的因子——台灣人在美國創業的典範　178

你看見風水的勢力嗎？——談韓國青瓦台搬家　180

我們重獲了新生　182

流年太歲絕對不可以輕視它　185

千里迢迢為了一根線！　188

怎麼讓「積憂」股變成「績優」股　191

窮則變，變則通——換對房子，換個腦袋　193

愈玩愈大，小心虧損愈大　195

命理若有當然有，命裡若無變成有　198

入土為安，孝悌傳家　200

品嘗一杯咖啡的幸福味道！　202

天下沒有白吃的午餐　204

好要別人誇，癢要自己抓——風水學中的五行運作　207

創造人生奇蹟——風水學不可思議的神祕力量　209

知彼知己，百戰敗勝——人生中不可或缺良師益友　211

讓心神安定——學習控制情緒，別被情緒控制　213

文昌之位在哪裡？　215

從創業、成功到衰敗的十年　217

格局大器才是人中之龍　221

好言好語，也要好好消化　223

逆轉命運的兄友弟恭　225

第六章　磁場有效應，好運風水有門道　227

找到自己富貴線上的明珠　228

買房住房萬萬不可三三八八　230

以房宅形貌取氣很重要　232

山管人丁水管財是真的嗎？　234

風水傳說中的「氣」是什麼？　236

慎終追遠、子孝孫賢的積極意義　238

成就大事的要素──天時、地利、人和　240

選擇吉日辦事也是成功的一環　242

懂得運用風水，則無往不利　244

風鈴是不可以隨便掛的　246

「財位」真的存在嗎？　248

關關難過關關過──路沖的問題　250

家裡的神位要供奉在哪裡？　252

氣口水局是豪宅吉凶的樞紐　254

進入「九運」之年！　256

附錄　風水大師智慧語錄　258

走過風水之路四十多年

吳海揚

　　走南闖北多年，去了很多國家，也接觸認識了不少人，每每總有人會問：「大師，您的功力那麼深，想必年少時一定也不平凡吧……」

　　其實，還真的很平凡，也是個愛玩、調皮的孩子。我自幼生長在中壢的中原大學附近，少小之時就不愛讀書，經常逃學，漫畫書店我算是常客，但很奇怪的是，每次考試都可以過關。

　　國高中時期常常被人霸凌，所以也加入幫派在街上當起了小霸王，只是因為個子瘦小，根本不是打架的料。所以，當時我的那些同學，其中有超過二十位以上都是幫派人物。

　　若要說有什麼影響了未來的特出之處，我最先想到的，是年少時教我國文的那位老師。

　　國文老師非常凶，我常常因為課業問題被他打個半死，但這也導致了我對古書有著特別的偏愛，所以很多人看不懂的古書，尤其是命理風水學這類的書籍，對我而言卻是非常簡單的事，所以一直到現在，我還是非常感謝當年狠打我的那位老師。師恩浩蕩啊！恩師！

　　我的大哥對我的影響也很深，小時候每天早上四點半他就起床 ABC 地開始唸英文，我正是在他的身上學會了苦讀，大哥曾說過：「我們家無恆產，只有讀書才有翻轉的機會。」因為書中自有黃金屋啊！

另外,就是認清自我個性。四十多年前,台灣發生有史以來第一個搶銀行的案件,轟動了全國,當時承辦的某位警官,就是我的同學。

他是我最敬佩的班長,也是我最想超越的標竿人物,當年我很貪玩,往往每到考試的前一週才肯認真讀書。但後來,很不可思議的事發生了!我竟然輕輕鬆鬆就超越了他!這讓我發現,自己的個性原來就是個「遇強則強、遇弱則弱」不服輸性格,也因此才能造就現在的我!

・・・

老實說,三十歲之前我是完全不相信命理風水的,總認為那是無稽之談。但是,天降的機緣總是在該出現時就出現了。

三十歲時,我還是個窮小子,人長得還算不錯,異性緣也還可以,但就是沒錢,以致遇到的對象總是有緣無分。當時草創事業,一切都還在起頭,手底下來了位新的員工,後來聊天,竟是個命理學高手。一次,他問我:「你相信算命嗎?」

我直言不相信,但他只向我要了出生年月日,然後哇啦哇啦對我敘說了我的人生種種⋯⋯

那一刻,我真的有點被嚇到了,太準了!

從此開始,我對命理之學產生了極大的興致,想來,是那個「不服輸」的個性又張揚了。於是,我開始涉獵各種命理書籍,年少時國文老師的教導這時發揮了強大作用,我由淺入深,逐步透析了命理之學的路徑。

我記得有一次出國回台後,去報名了一個紫微斗數班,班上同學不到

十人。原本抱著極大期待，沒想到老師竟然只是照本宣科的教，心裡不禁想：「那我自己看書就可以了，根本不必老師來教啊！」只是心裡氣不過，於是自己更加博覽研究，最後更有了自己的心得。

一次，剛好老師外出，同學便一起聚會聊起了學習的種種想法，我便趁此機會提出了對老師教導的看法，也說明了自己對紫微斗數的研究心得。不想，竟激起了同學們的興致。

就這樣，那群同學不再去上那老師的課，反而成了我的第一批學生。

既然要教學生，自己當然不能只有幾把刷子，所以我對命理學投入得更加深入了。但我學得很雜，好聽一點的說是博學，舉凡奇門遁甲、紫微斗數、姓名學、玄空風水學、股票技術分析、波浪理論，甚至「心想事成」的心法，都是我擅長的學問。然而，命理學可說百家爭鳴，其中優劣參雜，所以很多時候我會常常自問：「難道這就是長期以來最迷惑我的真理？而它為什麼有那麼多的真真假假？」於是，我又把這些學問組合起來，最後變成我自有且特殊的學問。

・・・

研究風水命理，不只在我操辦的個案中可以得到印證，在我自己身上也獲得極大的證實。

我的母親很早就去世了，那一年我才二十四歲，但因為工作非常忙碌，所以到母親逝世的那一刻，我都無法待在她老人家的身邊，這是我一生中最大的遺憾！所以，學成風水學後的第一件事，就是研究媽媽為什麼

走得那麼早？到底癌症是怎麼發生的？而這些，都可以在玄空風水、八卦卦理上得到了解釋，可見得命理學在論證病痛上是非常準確的。

另外，說到有錢，我的致富故事又是一段曲折。

漢成語中有「盧醫不自醫」之說，但醫者不能自醫的話，怎麼去醫人呢？同理，命理風水師如果不能讓自己「富」起來，那要如何教人致富之道呢？

只是，我在成就命理風水之學後，就忙著引導教人選房住屋的致富之道，反而疏忽了自己，以致到了五十歲都還不是個「有錢人」！

當時，其實自己是有心想找一間可以讓自己富起來的房子，但好房子難尋，周折百轉一段時間，還是毫無所獲。然而，「命裡有時終須有」，老天還是給出了一個機會。

一次，也是為人尋屋的案件，我們在北桃園地區找到了一間不錯的房子，但陰錯陽差，客戶與屋主最終未能談成交易，但這房子實在不錯，與我的命格也相符，於是便出手買了下來。

入住後，果然「財運亨通」，一路逐漸爬升而上，這是我真實的切身經驗！

所以，我看一棟房子，從外觀上就可以知道這家人有錢還是沒錢？老闆住的那個房間會不會有問題或罹癌？這些別人覺得很難的事情，對我而言都算是輕鬆簡單。我也幫助許多人建造公司總部，也建造廠房，其中也包括國內外知名的上市上櫃公司。要知道，就算是「台灣的護國神山」在各國興建工廠，如果風水吉凶都不知道，是非常危險的事！

三十年來，我去過許多國家，包括中國的南方及長江三角洲、東南亞

地區國家、美國和加拿大，最遠也到過非洲，連歐洲的 BENZ 跟 BMW 工廠我都去過，而這些經歷讓我知道成功的因素究竟是什麼？

其實，我比郭先生更早去看過日本的五代廠，結果他也做得很辛苦！所以我了解成功與失敗之間，那一點點特別與眾不同的地方。

在美國華盛頓特區，我就住在白宮後面的旅館，美國的國會山莊我也拿羅盤去測過，為什麼二○二○年國會山莊會吵成一團？這其實在風水上都可以看出來。會特別去觀測美國，只是想了解美國為什麼那麼富強？其中原因是什麼？（書中的篇章有說明）。

所以，別忘了這是老祖宗的風水智慧！風水學已經存在上千年，這不僅是老祖宗的真理，它自然也是宇宙的真理。

...

風水可以助人，也可以害人，我在書上說的：「富貴不能淫，貧賤不能移，威武不能屈，才足以謂之大丈夫。」這是真理，也是我想特別指出的「風水亂象」！

「天律有禁」，所以在命理風水學上，有很多的事情都不能說，也不能隨意教人，若是心術不正，學了，那可會危害社會！所以四十年來，我只教了八位學生，他們都是人品高尚、正義感十足之人。

而對於真假風水師，我其實一看就明白，這其中有很大的學問。

我常常看到大陸香港的所謂風水師穿著「唐裝」，來彰顯其身分，但其實真正的高人哪還需要「制服」？要知道，那年齡太輕的，如果不是遇

到明師，恐怕還真的很難登堂入室學風水，畢竟風水學可是被保密最深的學問，而且如果沒有數十年的功力，恐怕也只會害人！

所以，如果進入房子還裝模作樣看羅盤，哈哈！這些也都是有問題的，你還敢讓他來幫忙建工廠嗎？

同樣的道理，我也常常會考驗客戶，對於那些假仁假義的人，我不會跟他續約，而且層次有別，非我同道，所以，也別跟我同桌吃飯了。

・・・

雖然在風水命理上我很自負，但古老的中國有非常多神祕學問，我所了解的還只是滄海一粟，我相信比我高明的人一定大有人在，只是我沒有遇上而已，一山還有一山高，做人絕對不可以驕傲。所以，我平常待人多謙虛和藹。只是我的個性恩怨分明，不喜歡別人背叛我，那些小鼻子小眼睛的人，根本就不配做朋友！

為什麼很多富人總是富不過三代？就因為「子孫不唸書，行善不夠多！」而我給自己的座右銘是：「唯有坦誠自己無知，方能無所不知。」因此，我對自我的要求非常嚴苛，對於所寫的每一本書，也是以這樣的心態對待，總是費盡心思、用盡腦汁。所以，如果你讀書的態度馬馬虎虎，那就乾脆不要看我的書好了！別浪費了你的美好時光。

未來，我將選擇在企業發展，因為這可以養活千萬家庭，也可以增加國家稅收，既利國也利民，在此原則下，倘若老闆對待員工刻薄，我也絕不會跟他續約，風水可是會輪流轉的，切記喔！

東方神祕的風水是世界上最偉大的發明
Feng Shui, the Mysterious Eastern Practice,
Is One of the Greatest Inventions in the World

人的一生當中,常常都在想怎麼解決問題,可是高明的人卻是想辦法如何不讓問題發生。這是很重要的人生哲學,讓我們彼此共勉!

In life, people often think about how to solve problems. However, those who are truly wise find ways to prevent problems from occurring. This is an important philosophy of life, and we can all encourage each other to follow it.

玄空風水是老祖宗偉大的發明,主要是它——
1. 對金錢財運有非常巨大的幫助。
2. 對企業公司有極大的幫助,我們可以說這個成長是以 10 倍數計算,甚至有 20 倍的強大力量,好風水會帶來好運氣。
3. 在健康或是病痛方面,它更是非常輕易就可以讓人避開許多毛病(包含癌症),讓人趨吉避凶。
4. 對火災、官司、子孫延續、家庭興隆等等,都有非常巨大的幫助。

Xuan Kong Feng Shui is one of the greatest inventions of our ancestors. It primarily:
1. Provides tremendous benefits for wealth and fortune.
2. Offers great assistance to businesses and companies, bringing growth that can be multiplied tenfold, or even twentyfold, as good Feng Shui brings good luck.

3. Easily helps with health issues, including serious illnesses like cancer, allowing people to avoid misfortune and achieve well-being.

4. Greatly aids in preventing disasters like fires, legal troubles, and ensuring the prosperity of one's descendants and the flourishing of the family.

先師蔣大鴻被尊稱為「地仙」，他說過一句話：「人葬出賊寇，我葬出王侯。」激起了我對風水學的好奇，讓我感覺人生有了希望！

The revered master Jiang Dahong, known as the "Earthly Immortal," once said, "When others bury, they create bandits and thieves; when I bury, I create princes and nobles." His words sparked my deep curiosity in Feng Shui, making me feel that my life was filled with hope!

玄空風水的神奇妙不可言！重要的是，你怎麼運用它的玄妙。

The magic of Xuan Kong Feng Shui is beyond words! What matters most is how you apply its mysteries.

而且我是這個世界唯一知道九運是從哪一年到哪一年的人，只要弄錯時間，即使賺了20年的錢，你也會在三年中虧光光，說不定還會生病，也有可能官司纏身，致富與病災之間，你要有正確的選擇！

Moreover, I am the only person in the world who knows exactly when the Ninth Cycle begins and ends. If you miscalculate the timing, you could lose 20 years of wealth in just three years. You may even fall ill or become entangled in legal disputes. Between prosperity and disaster, you must make the right choice!

向世界發聲
Speak to the world

歐洲豪華汽車品牌
European Luxury Car Brands

歐洲擁有許多優秀的豪華汽車品牌，如德國賓士、BMW、保時捷、日本豐田等。這些品牌在競爭激烈的豪車市場中，我都希望能夠提供幫助。

Europe is home to many exceptional luxury car brands, such as Mercedes-Benz, BMW, Porsche from Germany, and Toyota from Japan. In the highly competitive luxury car market, I hope to offer my assistance.

當然，還包括賓利汽車及風靡世界的許多漂亮跑車，例如 Aston Martin、蓮花汽車、法拉利、藍寶堅尼等，我可以增加品牌的競爭力，豪華車品牌都是我服務的對象。

This includes Bentley as well as many of the world's most stunning sports cars, such as Aston Martin, Lotus, Ferrari, and Lamborghini. I am confident that I can enhance your competitive edge, as luxury car brands are among my esteemed clients.

LV 集團和其他奢侈品牌
The LV Group and Other Luxury Brands

全球最棒的奢侈品牌是 LV 集團，我一定可以成為 LV 最好的品牌大使。我曾經去過巴黎，那是一個偉大又漂亮的城市。

The world's best luxury brand, the LV Group, I am sure I can become LV's best brand ambassador. I once visited Paris, and it is a magnificent and beautiful city.

Richard Mille 和勞力士
Richard Mille and Rolex

Richard Mille 和勞力士是世界上最頂尖的高級手錶品牌。我也希望能參觀瑞士的勞力士工廠，並成為你們最好的代言人。

Richard Mille and Rolex are among the world's top luxury watch brands. I also hope to visit the Rolex factory in Switzerland and become your best spokesperson.

法國空中巴士 Airbus

法國空中巴士公司已經是世界很棒的航空製造公司了！我當然可以增加空

中巴士的艷麗,幫助他的股東賺到更多的股利與財富。

Airbus has already established itself as one of the world's leading aircraft manufacturers. I am confident that I can further elevate the appeal of Airbus, helping its shareholders to gain even more profits and wealth.

荷蘭艾司摩爾
ASML Holding N.V.

艾司摩爾是半導體科技裝置製造商,面對半導體競爭的市場,你只有把自己打造得更強大,才能保證前途是光明的。我可以讓艾斯摩爾公司永遠立於頂尖的地位。我也期待你們給我的助理們打電話。

ASML Holding N.V., based in the Netherlands, is a semiconductor technology equipment manufacturer. In the competitive semiconductor market, you must make yourself stronger to ensure a bright future. I can help ASML stay at the top of the industry. I am also looking forward to your call to my assistants.

韓國的三星半導體
South Korea's Samsung Semiconductor

韓國的三星半導體公司隸屬於三星集團,是一個占比巨大的公司,旗下也有許多的家庭電器用品,是市場上非常暢銷的家電用品。

Samsung Semiconductor, part of the larger Samsung Group, is a major player in the industry. The conglomerate also owns a variety of home appliance brands that are highly popular in the market.

我期待李在鎔會長你的電話,我可以運用風水學減少你的官司及麻煩。在玄空風水上,我們稱它為「三七疊臨,官非破財」。

I am looking forward to your call, Chairman Lee Jae-yong. I can use Feng Shui to help reduce your legal troubles and other difficulties. In Xuan Kong Feng Shui, we refer to this as "Three-Seven Overlapping, Leading to Legal Troubles and Financial Losses."

我可以保證讓你的獲利增加,並且讓你在半導體界能留住人才,變成頂尖的領頭羊,讓你的公司增加十倍的競爭力,讓大家都喜歡你的家電商品。

I guarantee that I can increase your profits, retain top talent in the semiconductor world, and help your company become a leading force. This would significantly boost your competitiveness ten times, making your home appliances more popular among consumers.

———

其他亞洲地區的知名品牌公司
Other well-known brand companies in Asia

LG 公司、日本 Sony 公司，以及 Panasonic 公司，都是很棒的家電品牌用品公司，他們創造出許多的奇蹟，我當然也歡迎他們跟我聯絡，我和我的助理們，隨時準備接受你們的訊息，也歡迎你們給我打電話。

LG, Sony, and Panasonic are all excellent brands in the home appliance sector, having created numerous industry miracles. I certainly welcome them to contact me. My team and I are always ready to receive your messages, and I invite you to give me a call.

台灣首富郭台銘先生的好朋友，日本軟體銀行孫正義先生（そんまさよし）我也希望是你的好朋友，我可以避免你在投資上的損失，並且增加你的獲利，你應該相信任何損失，都是有原因的。

Mr. Masayoshi Son, a good friend of Taiwan's richest man, Mr. Terry Gou, I also hope to be your friend. I can help you avoid investment losses and increase your profits. You should believe that every loss happens for a reason.

日本三菱重工業也是日本很棒的科技公司，我就在台灣，我們可以做很好的好朋友。

Mitsubishi Heavy Industries is another great technology company in Japan. I am here in Taiwan, and we can certainly become good friends.

當然,同文同種的中國公司,也是我非常歡迎的合作對象。也歡迎你們打電話給我的秘書。

Naturally, I also welcome cooperation with Chinese companies, given our shared cultural background. Please feel free to contact my secretary.

特斯拉
Tesla

伊隆‧馬斯克是全世界最偉大的發明家，他是電動汽車的發明人，也是我最佩服的一個執行長，他不但是電動汽車的發明人，還是領先世界邁向太空的科學家。特斯拉總部設於美國德州。特斯拉也生產車載電腦（FSD系統）、太陽能板及儲能設備解決方案。

Elon Musk is one of the greatest inventors in the world. He is the inventor of the electric car and one of the CEOs I admire the most. Not only is he the inventor of the electric car, but he is also a leading scientist in space exploration. Additionally, he leads a major solar panel company headquartered in Texas, USA. Tesla also produces in-car computers (FSD systems), solar panels, and energy storage solutions.

特斯拉是世界上最早的自動駕駛先驅，至二〇一八年，特斯拉汽車已經成為全球最棒的電動汽車。我希望下次馬斯克先生發射太空飛行器的時候，也能邀我來參觀。

Tesla is one of the earliest pioneers in autonomous driving, and by 2018, Tesla cars had become the best electric vehicles globally. I hope that Mr. Musk would invite me to visit the next time he launches a spacecraft.

我也希望能成為特斯拉伊隆‧馬斯克先生的好朋友，並且有機會跟他學習。我常常在電視上看到他，非常的欣賞、讚美馬斯克先生，如果可以成為他的朋友，我會感覺非常榮幸。

I also hope to become a good friend of Elon Musk and have the opportunity to learn from him. I often see him on television, and I greatly admire and praise Mr. Musk. If I could become his friend, I would feel deeply honored.

特斯拉所生產的 Model 系列汽車，讓我印象深刻，特斯拉汽車是街頭上最漂亮的一個景觀，也是不輸給任何跑車的電動車，尤其特斯拉生產的卡車，造型非常的具科技感，又可以做到自動化，真是全世界最棒的電動車。
The Tesla Model series impresses me greatly. Tesla cars are among the most beautiful sights on the streets, and they rival any sports car in terms of performance. Especially, the trucks they produce have a very futuristic design, coupled with automation capabilities, making them the best electric vehicles in the world.

美國科技業還有明天嗎？未來呢？
Does the American tech industry still have a future? What about the day after tomorrow?

美國有許多引領全球的頂尖科技公司。例如，AMD 的執行長蘇姿丰女士，她是台灣在美國的傑出科技領導人物。蘇女士帶領的公司開發的處理器已成為半導體世界的領袖。

The United States is home to many leading global tech companies. For instance, Dr. Lisa Su, the CEO of AMD, is an outstanding Taiwanese-American technology leader. Under her leadership, the processors developed by her company have become leaders in the semiconductor industry.

高通公司的領導力
Leadership at Qualcomm

高通公司生產的手機晶片也是全球最優秀的，我可以幫助你保持在全球領導地位。

Qualcomm's mobile chips are among the best in the world, and I can help you maintain your global leadership position.

Intel 的執行長季辛格
Intel CEO Pat Gelsinger

Intel 的執行長季辛格先生，我常常在新聞裡面看到他，他的風采和領導風格是一位最棒的執行長。Intel 是全球領先的科技公司之一，我也希望成為你的朋友，幫助你增加獲利，讓你的股東滿意。

Intel's CEO, Pat Gelsinger, I see him in the news frequently, and his charisma and leadership style make him as the most excellent CEO. Intel is one of the world's leading technology companies, and I would like to become your friend, helping to increase profits and satisfy your shareholders.

Google 的全球影響力
Google's Global Influence

加州的 Google 是全球最棒的公司之一，謝爾蓋‧布林總裁極具領導力，讓全球的人都離不開 Google。我很樂意成為您的朋友。

Google, based in California, is one of the best companies globally. President Sergey Brin's leadership keeps the world reliant on Google. I would be delighted to be your friend.

微軟的全球影響
Microsoft's Global Impact

微軟的執行長比爾‧蓋茲不僅是全球首富，也是非常有深度且有修養的慈善家。微軟也是全球領先的科技公司之一。

Microsoft CEO Bill Gates is not only the world's wealthiest individual but also a deeply thoughtful and refined philanthropist. Microsoft is also a leading global tech company.

NVIDIA 的 AI 是泡沫嗎？
Is NVIDIA's AI just a bubble?

NVIDIA 是 AI 的霸主，領導全球 AI 領域，但同時也面臨激烈競爭。AI 是否

會泡沫化？NVIDIA 黃仁勳先生經常來台灣訪問，我希望能有機會與他共進午餐，並邀請他來我家作客。

NVIDIA is the dominant force in AI, leading the global AI industry but also facing fierce competition. Will AI be just a bubble? NVIDIA's CEO, Jensen Huang, frequently visits Taiwan, and I hope to have the chance to dine with him and invite him to my home.

臉書的創辦人
The Founder of Facebook

臉書創辦人馬克・祖克柏先生是我心目中最帥的男生，如果我們成為朋友，我相信彼此都會很高興。

Mark Zuckerberg, the founder of Facebook, is the most handsome man in my mind, and I believe we would both be glad to be friends.

Amazon 是美國零售業的巨星
Amazon: The American Retail Superstar

亞馬遜是零售市場的巨星，也是一家非常棒的公司。我們也不排除合作的機會。

Amazon is a superstar in the retail market and a fantastic company. We do not dismiss the possibility of future collaboration.

美國零售業的兩大巨頭
The Two Giants of American Retail

Walmart 是世界最大的連鎖超市之一，我也希望能夠拜訪它。Costco 是全

球聞名的大超市,我期待拜訪你。

Walmart is one of the world's largest retail chains, and I hope to visit it. Costco is a globally renowned superstore, and I look forward to visiting you.

Nike 運動品牌
Nike sports brand

大家都喜歡的 Nike 運動品牌(奧勒岡州)也是一家很棒的公司,在那麼競爭的世界當中,我也可以成為他最好的代言人。

The beloved Nike sports brand, based in Oregon, is an outstanding company. In such a competitive world, I have the potential to become its best ambassadors.

歐洲運動品牌 Puma
European Sports Brand Puma

Puma 是一家非常棒的公司,在競爭激烈的運動市場,我絕對可以讓你變成第一名。

Puma is an excellent company, and in the competitive sports market, I can surely help you become number one.

Apple 蘋果能一直保持領先嗎？
Can Apple Maintain Its Lead?

最近半年來美國以美債讓經濟成長，導致國債接近35兆美元，那明年呢？
In the past six months, the U.S. has driven economic growth through its national debt, which is now approaching $35 trillion. But what about next year?

現在美國股票市場似乎已經要做頭了！整個經濟大環境已經發生重大變化，美國財政政策也在轉向，其間都有密切的關係。巴菲特開始賣 Apple 的股票的原因到底是為什麼呢？
The U.S. stock market appears to be topping out. Significant changes are happening in the broader economic environment, and U.S. fiscal policies are also shifting. Why has Warren Buffett started selling Apple stock?

美國總統大選後，美國經濟會變得更好嗎？這些都是很值得研究的問題。
Will the U.S. economy improve after the presidential election? These are all questions worth exploring.

Apple 公司是世界上最大的電腦及手機的領導公司，Apple 的執行長庫克先生，我有注意到 Apple 在加州的公司是一個圓形的建築，這是非常危險的建築形式，我們稱他為「八卦不全」，這會讓蘋果公司佔有率下降。
Apple is the world's largest leader in computers and smartphones. Mr. Cook, I noticed your circular building in California. This is a very dangerous structure,

which we refer to as "incomplete Bagua." This could cause a decline in Apple's market share.

蘋果 Apple 的隱私性及安全性是全球最棒的，它也是最棒的電腦及手機公司，開發者大會總是讓全球矚目，而且 Apple 在全球有許多的愛用者，擁有強大的市場影響力。
However, Apple's privacy and security remain the best globally, and it continues to be the top computer and smartphone company, with its developer conferences always drawing global attention.

庫克先生，你需要跟我好好聊聊嗎？如果我們成為朋友，我相信彼此都會很高興。
Mr. Cook, would you like to have a conversation? I believe we would both be glad to be friends.

你一定要知道，經濟環境越不好，我對你而言才是最重要的！
You Must Know: The Worse the Economic Environment, the More Important I Am to You.

華爾街的傳奇故事
Wall Street legend

瑞士信貸（Credit Suisse）事件還會再發生嗎？
Will the Credit Suisse (CS) Crisis Happen Again?

瑞士信貸是一家有 167 年歷史的金融集團，業務遍及全球超過 50 個國家。該公司股價自 2007 年的 50 美元降至 2023 年的 0.94 美元，市值縮水了 98%。這家曾經擁有 5,800 億美元資產的公司，如今市值僅剩 38 億美元。2023 年 3 月，在瑞士政府的斡旋下，瑞士銀行（UBS）收購了瑞士信貸。

Credit Suisse, a 167-year-old financial group operating in over 50 countries, saw its stock price plummet from $50 in 2007 to just $0.94 in 2023, a staggering 98% decrease. Once managing $580 billion in assets, the company's market value shrank to a mere $3.8 billion. In March 2023, UBS acquired Credit Suisse under the mediation of the Swiss government.

我可以讓這個風險輕鬆化解危機。
I Can Help Navigate and Mitigate These Risks.

在投資市場中，有一個名詞叫做「完美的價格」（Priced for Perfection），這意味著價格不能出錯。那麼，現在的道瓊工業指數是完美的嗎？
In the investment market, there's a term "Priced for Perfection," implying that prices must be flawless. But is the current Dow Jones Industrial Average really perfect?

我仰慕的投資家
The Investors I Admire

我非常仰慕股神巴菲特,他領導的波克夏・海瑟威公司是全球最具影響力的投資公司之一。巴菲特不僅是一位投資家,更是一位哲學家和慈善家。我希望能有機會與巴菲特先生共進午餐,向他請教投資的心得,並請他多多指導。

I deeply admire Warren Buffett, whose leadership at Berkshire Hathaway has made it one of the most influential investment companies in the world. Buffett is not just an investor; he is also a philosopher and philanthropist. I hope to have the opportunity to dine with Mr. Buffett, learn from his investment insights, and seek his guidance.

摩根史坦利的啟發
Inspiration from Morgan Stanley

摩根史坦利是一家成立於美國紐約的國際金融服務公司,提供包括證券、資產管理、企業合併重組和信用卡等金融服務。摩根史坦利目前在全球42個國家設有辦公室,執行長杰米・戴蒙(Jamie Dimon)是一位我尊敬的銀行家,也希望能拜訪他。

Morgan Stanley, founded in New York, is an international financial services company providing securities, asset management, corporate restructuring, and credit card services. With offices in 42 countries, CEO Jamie Dimon is a banker I deeply respect, and I hope to visit him one day.

高盛銀行的最佳選擇
The Best Choice for Goldman Sachs

華爾街的頂尖銀行高盛，為了減少麻煩，我自然是你最佳的選擇。

For the top Wall Street bank, Goldman Sachs, reducing complications is key, and I am undoubtedly your best choice.

美林證券及富蘭克林
Merrill Lynch and Franklin Templeton

美林證券及富蘭克林都是 S&P 500 成份股，我絕對可以幫你發大財，並且減少你的投資風險。

Merrill Lynch and Franklin Templeton are both components of the S&P 500. I am confident that I can help you generate significant wealth while also reducing your investment risks.

玄空風水談財富與人類疾病
Xuan Kong Feng Shui on Wealth & Human Diseases

玄空風水談財富
Xuan Kong Feng Shui on Wealth

二六八齊至,財源大進
當二、六、八三顆星同時到達時,財運將大幅提升。
When the stars of 2, 6, and 8 converge, wealth will increase significantly.

坤山坤向水流坤,富貴永無休
坤山坤向,水也朝向坤方位,這種情況下,財富與榮華將永不停止。
When the mountain and water both face the Kun direction, wealth and nobility will be endless.

水雷子孫多富貴
水與雷的結合,會讓後代子孫繁榮且富有。
The combination of water and thunder brings wealth and prosperity to descendants.

木入坎宮,鳳池身貴
當木星進入坎宮,會賜予如同鳳池一般尊貴的身分。
When the wood star enters the Kan palace, it bestows a noble status akin to that of royalty.

水風財旺婦女貴
當水和風相遇時,財運會增加,並且婦女的地位也會提升。
The meeting of water and wind brings wealth and raises the status of women.

風火益財婦人寡
風與火相遇會帶來財富,但婦女的命運可能會變得孤單。
The combination of wind and fire increases wealth, but women may face solitude.

雷火進財人口貴
雷與火的結合會帶來財富,並提升家庭成員的地位。
The union of thunder and fire brings financial gains and elevates the family's status.

澤地財旺異姓居
澤地相遇,財運興旺,適合不同姓氏的人居住。
The combination of marsh and earth enhances wealth, and it is ideal for those of different surnames to live there.

輔臨丙丁,位列朝班(公司會有卓越的主管人才)
輔星落在丙丁方,這意味著官位會提升,能進朝為官。
When the auxiliary star aligns with the Bing and Ding directions, one will rise in rank and serve in the imperial court. It also means the company will be filled with excellent managers.

富近陶朱，斷是堅金遇土（大地主）

財富將如同陶朱公一樣豐厚，當金遇上土，財運更為穩固。

Wealth will be as great as Tao Zhugong's, and when metal meets earth, fortune becomes even more stable.（Great Landlord）

一四同宮，準發科名之顯（文昌位）

當一與四星同時在宮內時，將在科舉考試中大放異彩。

When the stars of 1 and 4 are together in the same palace, one will excel in examinations and gain fame.（Top of the Class）

天市合丙坤，富堪敵國

天市星與丙坤相合時，財富將豐富得足以與一國匹敵。

When the Tian Shi star aligns with the Bing and Kun directions, one's wealth will be vast enough to rival a nation.

風雷富貴人口昌

風與雷相遇，將帶來富貴和家族的興旺。

The combination of wind and thunder brings both wealth and a prosperous family.

虛聯奎壁，啟八代之文章

奎壁星相合，將啟發八代的文學興盛。

When the Quibi stars align, they will spark literary brilliance for eight generations.

子山午向午來堂，大將值邊疆

若子山午向，當午星進入大堂時，將出現一位能鎮守邊疆的大將。

If the Zi mountain faces Wu and the Wu star enters the hall, a great general will emerge to guard the borders.

玄空風水談人類疾病
Xuan Kong Feng Shui on Human Diseases

二號星五號星碰撞易死亡且重病，不利男女主人。

當二號星與五號星碰撞時，容易引發死亡和重病。

The collision of stars 2 and 5 can lead to serious illness and even death. It is also harmful to both the male and female heads of the household.

黑黃交錯，家長有凶。二主宅母多病，黑逢黃至出孤寡

黑星與黃星相交，家庭會有不吉之事。二號星影響女主人，使她多病，且黃星加劇孤寡之兆。

When the black and yellow stars intersect, misfortune befalls the household. The second star affects the matriarch, causing illness, and the yellow star intensifies the chance of widowhood or isolation.

子癸歲，廉貞飛到，防腸疾。

在子癸年，廉貞星飛臨時，需注意腸道疾病。

In the Zi or Gui year, when the Lian Zhen star flies in, there is a risk of intestinal diseases.

一號星五號星碰撞生腸癌或腸炎。
一號星與五號星相撞，可能會導致腸癌。
The collision of stars 1 and 5 may lead to intestinal cancer or diseases.

乳攤兮四五
四號星與五號星碰撞，會引發女性的乳癌和子宮癌。
The collision of stars 4 and 5 can lead to breast cancer and uterine cancer in women.

青樓染疾，只因七弼同黃
因為七號星與五號黃星相遇，會引發性病或 AIDS 等病症。
The meeting of stars 7 and 5 (yellow) leads to diseases such as AIDS and sexually transmitted infections.

艮非宜也，筋傷骨折，為五號星八號星碰撞，不利小兒
艮位不吉利，容易導致筋骨受傷，這是由於五號星與八號星的碰撞，特別對兒童不利。
The Gen position is unfavorable, leading to muscle and bone injuries. This is caused by the collision of stars 5 and 8, which is especially harmful to children.

風水的科學理論

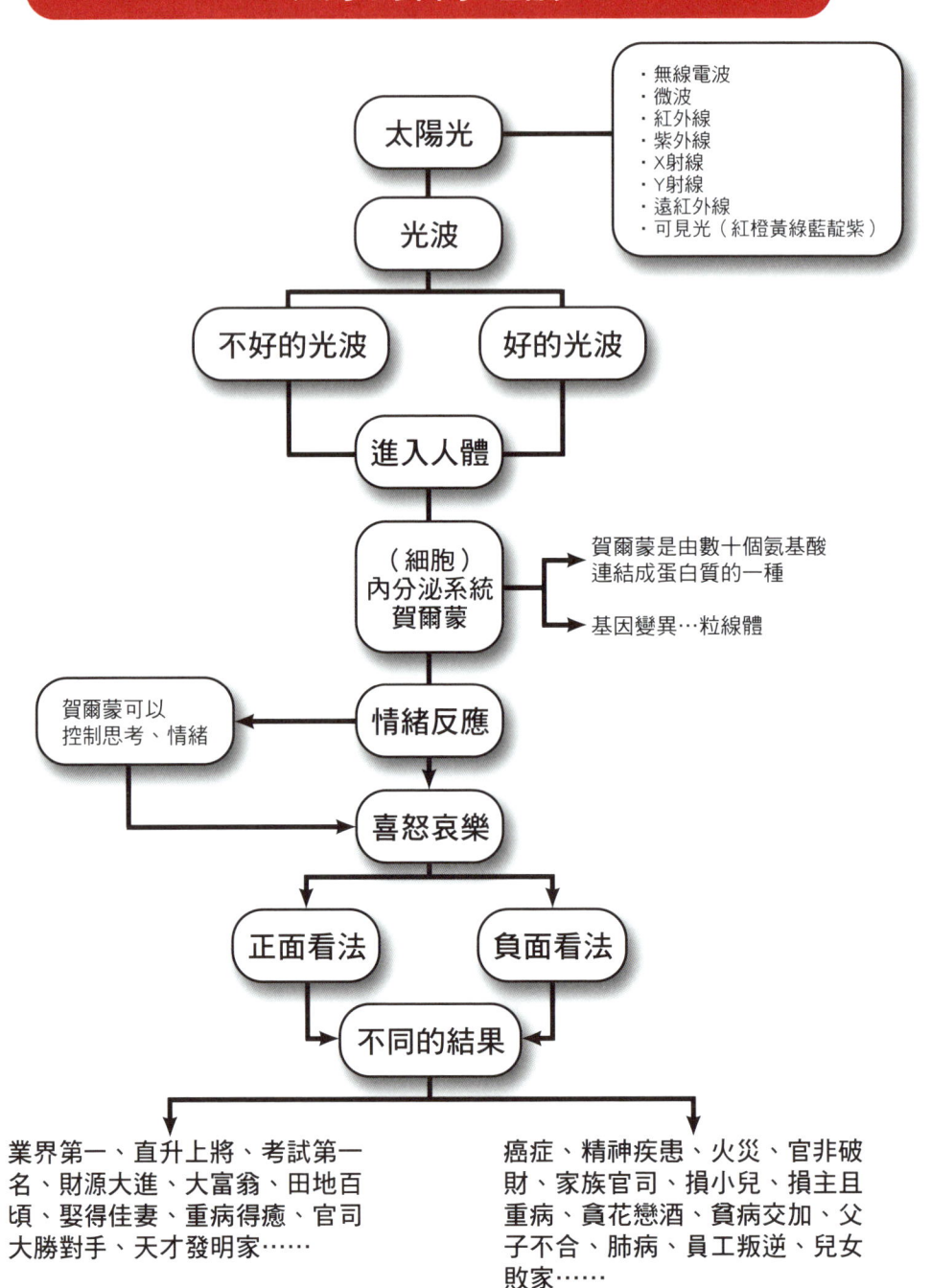

```
太陽光 ─────→ ・無線電波
  │            ・微波
  ↓            ・紅外線
光波           ・紫外線
  │            ・X射線
  ├──────┐    ・Y射線
  ↓      ↓    ・遠紅外線
不好的   好的  ・可見光（紅橙黃綠藍靛紫）
光波     光波
  │      │
  └──┬───┘
     ↓
   進入人體
     │
     ↓
  （細胞）──→ 賀爾蒙是由數十個氨基酸
  內分泌系統    連結成蛋白質的一種
  賀爾蒙    ──→ 基因變異…粒線體
     │
     ↓
賀爾蒙可以  ←── 情緒反應
控制思考、情緒    │
     │          ↓
     └───────→ 喜怒哀樂
                 │
            ┌────┴────┐
            ↓         ↓
         正面看法   負面看法
            │         │
            └────┬────┘
                 ↓
             不同的結果
            ┌────┴────┐
            ↓         ↓
```

業界第一、直升上將、考試第一名、財源大進、大富翁、田地百頃、娶得佳妻、重病得癒、官司大勝對手、天才發明家……

癌症、精神疾患、火災、官非破財、家族官司、損小兒、損主且重病、貪花戀酒、貧病交加、父子不合、肺病、員工叛逆、兒女敗家……

第一章

扭轉生命契機的
大師風水

從風水看天下！
──美國的強大國運真的走盡了嗎？

史蒂芬・沃爾特（Stephen M. Walt）是哈佛大學一位很了不起的教授，前幾年曾發表了一篇文章：《美國好運已盡》（另譯為：美國時代的終結）。

然而，美國的氣運真的已經盡了嗎？

多年前，我有幸應好友顧校長之邀，在華盛頓特區逛了一圈，仔細看過國會山莊及白宮的風水，當時還是下元八運，但白宮的風水仍然絕佳不可多得，白宮前面的大草坪正是「明堂秀麗」！

風水學上非常講究明堂秀麗，也就是說房子的前面必須花園漂亮或者綠草如茵，它的萬物生機蓬勃，就是所謂的明堂秀麗，對陽宅的氣運十分重要。

有時候，我們也會設計做一個漂亮的水池作為搭襯，「風水之法，以得水為上」，那是因為它具有止氣的正能量，白宮風水氣運的旺盛，正因為和國會山莊前面的浩大水池相輝映，這便是《四九為友》的好格局。

美國之所以強大，原因正在於此，白宮的風水很棒、很不錯，符合上山下水的格局，而且白宮前面的草坪每天都有人在打理，不論是修剪草地或種花植樹都弄得非常漂亮，也有朝氣，這在風水格局上是最棒的格局，所以美國不會衰弱，縱使有衰弱現象，也僅是過渡或是假象。所以，從

> 不要用二十世紀的觀念，去處理二十一世紀的事情。
> Don't use 20th-century concepts to handle 21st-century matters.

一八九五年美國經濟超越英國之後即成為超級大國，它的國運之氣目前還強著呢！

世界上有很多國家的政權中心我都看過，以北京的紫禁城為例，紫禁城前面全都是水泥地，雖然非常開闊，卻沒有花花草草滋潤，非活水之地，缺乏了一種生命力，以致萬物不生，這或許就是中國清皇朝大概只有三百多年左右的原因吧！

我在二〇一七年曾發表文章說二〇二〇年是庚子流年，將對西面向的白宮流年不利，而事實上，二〇二〇年 COVID-19 疫情大爆發，對美國造成了不小的衝擊，但終究只是流年不利罷了！

二〇三〇年左右將是一個重要的關鍵時期，它是《費氏數列》的一道重要分水嶺，也將是美中鬥法東西兩大陣營孰強孰弱的勝敗年份。

那麼，若是從風水看天下，你覺得哪一方會有優勢呢？

為何說：「風水之法，以得水為上」？因為水可以滋潤萬物。如同老子說：「上善若水，水善利萬物而不爭。」善德就像水一樣，水滋養萬物而居功。

《黃帝陰符經》上說：「天人合發，萬化定基。」意思是，能合乎天道而行，天人齊發力，行萬種變化，其實天地之間就是需要蓬勃的生機。「風水之學」透露了古人思維宇宙奧祕的所在。

有情山水

　　在風水學上，查龍、觀砂、水行、準穴等等，是山巒細查絕不可缺的程序，可以是用來做為穴墓的選擇，也可以做為陽宅住家基礎的安排。

　　墓葬在中國古代農業社會裡，是孝子表達對親人血緣感情的最高體現，山川地形有情則吉，山川崎嶇破敗則凶，若是山環水抱便有靈，以情待之則諧和，山水相交陰陽互融，所以才說它是「山環水抱必有靈」。

　　再以藏風的山來說，若遇水則使氣止，這就足以藏風聚氣，在風水學上來說，這是有情的象徵，我們就說它有龍氣，龍氣若藏於土地之中，這土才是氣的所在，土肥則氣厚，土若凌亂或附近形勢高低起伏，那麼氣就稀薄而無助於穴墓，後學不可不慎。

　　記得有一年，我們一群人來到新竹科技園區附近的群山峻嶺之巔，漫步在小丘之上，當時恰好是個大晴天，遠遠望去，群山峰峰相連，有如盤龍環繞，真是個好風好水好地方，術家說的「認龍之氣以勢，認穴之氣以情」，這就是了！

美國的「富人講究，窮人將就」

到國會山莊時，不免也會拿出羅盤來，看看為什麼美國那麼強盛？

上山下水是標準配備，富貴線上也是道理，白宮尤其旺山旺向，就更不用說了！天下沒有白吃的午餐，人家國力富裕強盛，就是可以那麼「衝」，而華盛頓特區的大吉風水，才促使這裡成為政治中心，一舉一動都是全球矚目的焦點，也是世界權力話語權的重心所在。研究風水的人，怎能毫無感慨呢？

紐約市有五個區，光是曼哈頓區就已經可以把我逛到昏頭轉向，真是大啊！從第一大道到第十大道，從第一街到中央公園的第六十街，只有少數不在富貴線上，華爾街當然執世界經濟之牛耳，道瓊指數一旦有個風吹草動，歐亞股市指數定然打噴嚏。然而，美國之所以富強，當然不會只有兩個城市的風水好而已，一定還有很多城市的風水也很好，才可能創造出超級強國的力量來。

也許台灣有四千多億外匯存底而感到自豪，甚至有些國家外匯超過三兆美元，但這可不代表美國窮了！在美國，當然使用美金消費，縱使你是個國家，或許還是個大國，但你還是要用美金購買物品，間接的說，你這個國家在美國的眼裡，不過只是比較有錢的「國民」罷了，一旦看不慣，美國就會拿出「制裁」的手段。所以，不論中國、歐盟、日本等等世界各國有多少外匯，對美國而言，你可曾看過「美國為美元焦慮」？

> **在風水學上，不要用八運的好運，來看待九運的噩運。**
> In Feng Shui, don't use the good fortune of the Eighth Cycle to judge the misfortune of the Ninth Cycle.

一九三七年，紐約市在第五大道上只用了四百天就蓋起「帝國大廈」，這已經可以看到它的野心與不凡了！第二次世界大戰時，美國在歐洲及亞洲太平洋兩邊都要作戰，最後仍是戰勝國，難怪二戰初期日本海軍大將山本五十六看到美國參戰，便感到憂心忡忡，真是有眼光啊！

強國必然先要強種，華盛頓特區的地理環境必有他風水上的超級優勢，我們只不過是個小老百姓，毫無話語權，只能管好自己住家的風水，才有機會求得家運興隆、子孫後代昌盛，美國首都二百年前從費城移到華盛頓特區，不太可能有高人指導其創建首都，只能說她國運好。

風水學很奇怪，明明就是有千年以上的文化底子，但是會相信它、起而重視它的人，總是少數！「富人講究、窮人將就」，到底「講究」與「將就」有什麼不一樣？

這就像一般人對做一件事情的態度，將心比心，如果你是客戶，會希望自己的服務很將就嗎？會讓自己的保障被將就嗎？若身為團體的一分子，又怎麼會希望自己被「將就」掉呢？講究與將就，一個是嚴格要求、精益求精；一個是過得去就可以，兩種截然相反的態度，面對局勢逆境不斷時，我們或許被迫妥協，但這絕不是任其一切都「將就」的理由。

當你越「講究」，就越容易有成就；如果只是隨隨便便的「將就」，自然也難有什麼成就。這句話可是有它的一番道理的。

用風水建造一流的大都市

在我從事風水四十多年的時間裡，走遍了全世界許多的大都市，其中包含洛杉磯、紐約、華盛頓 DC、賭城拉斯維加斯、溫哥華、多倫多、東京、大阪、上海、廣州、深圳、南京、曼谷、新加坡、香港、金邊、峴港、墨爾本等等，最遠還到過非洲東部外海的模里西斯。

印象最深刻的，當然是中國的許多都市，和我最愛的台灣，但我也喜歡溫哥華，那裡的房子也有我的最愛，寧靜舒適、與世無爭，尤其是溫哥華西區，有許多的豪華別墅，夏天的時候，給了我許多的雅致與清新的感受，令我難以忘懷。在我看來大溫哥華地區可能只有溫哥華的西區是風水最好的設計。

紐約從聯合國到第五大道，再去川普大樓、洛克菲勒中心，整個曼哈頓都有我的足跡，這個城市所以是世界金融中心，就是他當初設計得非常好，所以這裡有非常多富有的人，我來這裡的時候，這裡的文藝氣息、大都會的典雅，那美麗的景象，總讓我感覺非常美好！

曼谷也有許多好風水的房子，漫步在曼谷地鐵上的步道，遊客總是川流不息，經過四面佛的邊上，我會頂禮膜拜，心中充滿感謝的回憶。城市裡有許多的大賣場、泰式的小吃，讓我切切實實感覺到，這真是教人喜歡的地方，尤其人民的和善，總是讓我難以忘懷他們的善良。

新加坡是李光耀先生創造起來的國家，李光耀先生是非常重視風水的

華人，也許他也運用了風水學來創建這個城市，所以才成為東南亞最耀眼的明珠。

中國的城市設計雖然新穎漂亮，但其實不好的風水非常多，政府的法令又難以更改，所以只有一部分的房子風水很好。我在上海看了非常多別墅，從浦東到青浦城區和松江，有許多別墅的風水都大有問題，也許就是這個原因吧，所以中國有許多的富豪都陸續地從富豪榜中掉落下來！

我在杭州的時候，有一次在一棟大樓的外面看到當時浙江省最大的開發商，但他的結局是倒閉的，其實在玄空風水上，這就是《紫白訣》所說的：「巽宮水路繞乾，主懸樑之噩。」

這家公司，所以會有這樣不好的結局，應該就是跟這個風水有關係。

我可以豪壯地說，如果世界上有一個新的都市想要設計，那我可以提供一個非常好的方案，讓這個都市也變成世界上耀眼的明星，甚至，我可以做到比紐約更棒的一個都市設計。

中國的風水學超過一千多年，歷朝歷代以來出現了許多的名家，也就是他們寶貴的資料與經驗，我們才有了許多的瑰寶書籍。在我將近四十年的風水生涯中，這些寶貴的經典書籍提供了我重要且寶貴的資料，非常感謝老祖宗們給我的智慧，真希望能夠運用風水學，讓這個世界更加的美好！更加的燦爛！也讓這個世界更加的和平，讓每個國家的人民，都能夠過著富裕的生活！

NVIDIA 會沒落嗎？——風水地形的重要

在電視上，看到非凡新聞獨家報導黃仁勳先生在美國所造的總部，以我多年風水學的經驗來看，發現這種建築造型並不理想，AI科技是目前最夯的題材，如果想要保持在最高的水平，建築就要特別留意。

一個人一生當中不能只靠運氣，運氣是靠不住的！頂尖的企業，必要有一流的風水。然而，一如股票會讓人後悔一樣，價錢便宜的時候你不買、你不要，等上漲飆高的時候你才追買，恐怕就時不我予了。

今天不趕快把風水做好、做對，明天就只能做科技的老二、老三，甚至在股票市場中下市。而這個命運就完全掌握在——領導者的手裡！不管你一生中多麼的富有，也不管你一生中有多麼高的地位，蓋房子、蓋廠房、做好祖墳，都是關鍵的致勝祕訣！

一個人若沒腦筋、沒智慧、不懂得用人，說他是笨蛋會很過分嗎？偏偏社會上就是有那麼多的傻瓜和笨蛋。要知道，風水學是一門統計學，如果能從別人的成功案例中做一個統計，只要複製成功，必定領先群倫！

我從事風水學已經有三十五年以上的時間與經驗，第一次聽到「風水」這個名詞，是國泰世華的創辦人蔡萬霖先生所說的，他當時跟我們談的就是風水。陳水扁前總統時代的參謀總長霍守業上將，我也曾經去他家看過風水，是夫人接待我的。而我想說的是，如果能有一個懂風水的老師來相助，將會使你更上一層樓，成為企業潮流的領導者！

你是選「價格」還是「價值」呢？

　　同樣買房子，為什麼有人買到的是富貴，有些人卻買到貧窮呢？

　　當時，錦州街一戶超過三十年的老宅，投資客以一坪五十一萬上下的價格買下後，不到三個多月，又以六十五萬左右的高價賣出，超有眼光的投資客大賺三百五十萬，羨煞了好多人，成了媒體最受矚目的報導。買接近市區的中古屋，往往生活上方便許多，不論一日三餐或買一些生活用品，都很容易找到什麼都有的便利商店，所以台北市區的中古屋，很受到市場上買家的青睞。

　　然而，很多的中古屋隱藏著許多你看不到的事情，尤其是目前尚有人居住，等待你來買他才搬走的房子，往往都是有問題的房子，這一類型的房子，大部分都是經濟上有困難，所以買了這種房子，就得承受前屋主因風水不佳造成的經濟困厄，但很多人並沒有這種警覺，尤其是第一次買房子的人，經驗上不足，又看不出好壞，很容易買了房子，結果連貧窮也一起買了回來！

　　我常常在各地看房子的時候，尤其是大樓高層，都會特別去注意某些特徵，標的物周圍的鄰居是不是很多戶人家都掛著八卦鏡，如果一棟大樓內好幾戶的房子都有這個現象，還是別進去，這種房子不用看了！

　　向來我都比較鼓勵買屋的朋友們，最好買新建案的新成屋，或以投資客丟出來的房子為第一優先，外觀就髒亂不堪的老房子倘若買下，很容易

> **風水提供你無限的想像，貧窮限制你的想像。**
> Feng Shui gives you boundless imagination, while poverty limits your imagination.

承受它的負面因子，很可能是病痛臨身，或是愈住愈窮，有的房子甚至有人發生更不好的事情，都是很常遇見的。尤其是老齡又經過全新裝潢的房子，更要特別小心謹慎，一般而言，仲介業者都會提供房子的簡單基本資料，但真實的狀況也相對會受到掩蔽，何況有很高比例的老宅根本上就有問題，一般人卻是完全看不出來。

很多人買老社區的房子，只是貪圖它的便宜，但一定要記得老祖宗的名言：「便宜沒好貨」、「一分錢一分貨」，就是有夠差，才有差勁價。所以，我們觀察房子的時候，不能只是考慮房子的「價格」，而是要思考它有沒有「價值」？

台灣部分地區房價偏低，長期以來一再下跌的房子，以及城市又過於擁擠的社區，都要特別小心！便宜的房子，買下的那一刻可能會令人很開心，但可不要日後變成很傷心啊！

所以，你認為是「價格」重要，還是「價值」重要呢？

住在「富貴線」上，
才能捧著錢一路笑到銀行去

什麼是「富貴線」呢？

「富貴線」是本人所創的名詞，它就像是一部汽車的底盤，也似一棟房子的基座般重要，在對的方向上，不僅可以讓人成功致富，甚至可以強國強種；但如果不幸買的房子沒在富貴線上，恐怕會讓人在努力向前的路上增添很多困難。

不僅如此，從科學的統計學上也能發現富貴線的一種特殊性，這可說是肯定了中華文化中玄空風水學的重要價值。之所以一再強調「富貴線」的重要，是因為我在數十年的研究裡，看到很多社會上的成功者、富裕者，都是住在富貴線上，而搬家或離開富貴線的人，之後的狀況很多都讓人憂慮，這可真是獨特的新發現！

說「紫白飛星」是風水學的靈魂一點也不為過，因為人們最關心的財位、老闆的主座位，都是用紫白飛星的碰撞，交叉出兩個或三個阿拉伯數字，來決定它可不可以做為主床位或是小朋友的文昌位。如二六八財源大進，就適合家裡主要賺錢的人做為床位，而一白四綠飛星或是一三交錯的星曜，都對學習者有著明顯的運氣增長，所以我們把它列為文昌星。

有一位朋友問我，放個文昌筆是不是會增加學習者的能力，這絕對不可能，咬錢蟾蜍、貔貅等等的招財吉祥物，或許就只能當個裝飾品，而

> 把眼鏡摘下來的時候，世界才是最真實的。
> Only when you take off your glasses will the world be seen in its truest form.

這也是不懂風水的紫白飛星所致。有人說：「進入房子的對角線就是財位。」這也未必如此，因為並不是每個房子都有財位，如果財位在廁所或者是樓梯邊上，就等於是沒有財位的房子，只有懂得「紫白飛星」，而且還要「玄空祕旨」、「玄機賦」、「紫白訣」等等來配合，才能夠確認財位的。

世界上有很多富裕的國家或城市，我相信一定在某些角度上，必有其相似的成功富裕之道，用這種方法去研究風水學才有意義，我不相信美國、日本、英國那些富裕人家裡會放個咬錢蟾蜍，或放個八卦鏡。

雖然風水師本就是為人造福、祈求家道興隆、子孫昌盛，但不論如何，跟著有福德的人學習，才能有機會手裡捧著錢，一路笑到銀行去。

人生要如何站在「富貴線」上？富貴線就像是宇宙密碼，存在著不可思議的力量。其實，它的概念就如同，人的一生有沒有站在對的位置上，或行走在對的方向上；一個人如果能在適當的位置，走在正確方向上，便能適得其所，而得到充分的發展。

一個人想要站在「富貴線」上，便要「德能配位」，《周易‧繫辭下》說：「德不配位，必有災殃；德薄而位尊，智小而謀大，力小而任重，鮮不及矣。」一個人的德行，如果無法與他所處的地位和成就相匹配，就容易招致災禍。德行淺薄而地位太高，智慧不足而謀劃大，力量太小而負重太多，那就危險，也難長久。所以自身的德行及福祉要與地位格局相匹配才是王道！

你適合什麼樣的房子？
──命卦吉凶才是住家選擇最佳法則

有位跟我相識的朋友，一陣子之後也學我一樣，拿著羅盤暗暗的幫他的朋友看房子，也建議他的朋友買下某個房子，他的朋友居住一陣子後，各種負面狀況一一出現，只好打電話求助於我。

其實，數十年來我看過很多投機取巧的人，為了省一點錢，去玩一些他自己都沒把握的花樣，例如某個人請我看個房子，我說房子OK以後，他的親戚朋友們也一窩蜂的跑來買那棟大樓，其實這是很危險的做法，為什麼呢？難道別人看是好風水的房子，就一定適合你居住嗎？

因為每個人依出生年月日各有各自的命卦，命卦與風水住處若能夠相生相合那是最好，否則絕對不能相剋，那可會造成諸事不順利。

風水學各門各派有很多偽說，妙的是，很多人還把偽說當成瑰寶，浪費了很多時間去研究，其實應該以各個人使用的不同心得來做正確的決定，才是最好的，而且還有一定的法則。然而，這法則該怎麼看呢？

例如：水二、木三、金四、土五、火六局，以各局命卦取其相生相剋，來考慮房宅的選擇是一種看法；或以東西四宅東西四命的論述來擇選房子，以每個人不同的命卦屬性來尋找，相生就大吉，相剋可就嚴重了！

我們常常會看到一棟風水不錯的大樓，可是居住其中的住戶卻有不同命運，有的人入住之後事事如意大發，有的人卻是楣運連連，意志消沉，

> 人因夢想而偉大，是真的透過經驗的驗證。
> People become great through their dreams-this has been proven through experience.

這是怎麼回事呢？我的這位朋友所選的房子，雖然都是在同一棟大樓，但是因為兩個房子的座向不同，其中一戶正是「反吟」、「伏吟」的一種，這是否有點奇怪，一戶犯了反吟，另外一戶卻沒有？

卦有卦的反吟，爻有爻的反吟。其實說它反吟，實際應用就是卦變沖剋，或爻變沖剋。卦的反吟所造成的房子，其實在各縣市都有，在我住家附近有一棟很漂亮的大樓，就是卦的反吟，在《爻卜堂宗》書中所寫：「艮卦座於東北，艮右有丑、艮左有寅；坤卦座落西南，坤右有未，坤左有申。兩卦相對則各支相沖。」爻的反吟也是一樣。

但是，不管卦的反吟是內卦反吟或外卦反吟，只是地支發生互相沖剋，若是以房子而言，即是非口舌不斷，官司沒完沒了！

宅中人口不能平安，都可能與卦變「卦的伏吟」有關，所以就算地段很好、樓層漂亮，也會變成事情很多，官司不斷，不可不慎啊！

總而言之，每一個人的命卦不同，在住處的選擇上也有所差異。因此，別人適合的，看來也是好風水的房子，就一定是適合你居住嗎？

就「適才適所」而言，一個人只要環境或位置找對了，符合自己天生性情和傾向，就可以展現出天賦才能，這原則可以套用到任何領域。其實，任何事物，選擇適合自己需求的才是最重要的，每一個人的屬性不同，需要配合的環境也不一樣。別人適合的，未必是適合你的，所以，一個人要了解自己的屬性，才能找到真正適合自己的地方。

改變命運的方法

在我們的人生中,有什麼會影響到我們的命運呢?

相信有很多的朋友們都曾經聽過,前輩高人談過最能夠影響我們命運的是:一命、二運、三風水、四積德、五讀書,這在過去的很長一段時間,都沒人表示有異議。

其實,以我的經驗,有另外一種說法更有它的價值與意義,值得和大家一起來研究與探討。那就是:一墳、二宅、三慈悲、四信仰、五命運。

這個論點是筆者歷經數十年來,從各種事務中累積、所觀察出來的人生經驗。這種說法,明顯和以前大家所認知的有很大不同。

會影響我們命運,第一重要的首推「墳」或「祖墳」,這是沒有陰宅經驗的人很難理解的境地。一般人們因為缺乏研究,當然更不容易了解到「墳」的重要,它不只是簡單的「墳」那麼單純,而是孝道的延伸,也是冥冥之中祖先與子孫的靈動,所產生出來的感應力量,是的的確確真正存在的現象。孝道不只是對長輩的孝心而已,也是對曾經幫助過我們的人存著感恩之心,而把它變成習慣,便能進而改變運相,表現出內外皆有儀,富貴而傳家。

慈悲是以「仁者無敵」意念作延伸,也是每個人內心世界的拓展,有錢沒錢都可以有慈悲心,它並不是某些人的專利,它可以表現在對人、對事、對身邊事務的慈悲態度,而在日後的人生中,顯現在所謂的報應當

中。慈悲並不是傻傻地被利用，帶領朋友邁向人生巔峰也是慈悲，是非常值得深刻體會的一種人生態度。把「積德」改為「慈悲」，朋友們可以審慎思考筆者的這項建議。

第四個可以改變命運的，我將它解釋為信仰，信仰會改變我們潛意識的認知，潛意識的力量極為強大，如果從兒時的信念而來，其信仰往往較為執著，沒有是非對錯。倘若有了正確的信仰，便將有無比的力量可改變人生。

「人本天地之氣而生，乃生者不能不死，故生必有宅、死必有墳，若宅墳俱吉則人鬼均安，人安則家道興隆，鬼安則子孫昌盛，是故人當擇地而居，尤應擇地而葬。」（水龍經）筆者會有上述的言論，其實就是在《水龍經》當中體驗出來的。

人生的轉變，其實都在一念之間

　　每年的過年前後，算是算命界的旺季，很多人都會利用過年春節假期，到各地的廟宇求神拜佛，順便也算命問卜抽個好籤，期待來年能夠更好運！更賺錢！

　　在算命界最常聽到的一句話：「你有財無庫！」

　　很多人聽到這句話，還會感覺很欣慰，這讓人感覺很搞笑，「有財無庫」這是千萬不可相信的一句話。

　　風水住家出了問題之後，往往容易在存了一筆錢之後，就有了一筆較大的支出，讓辛苦了好一陣子的積蓄付之東流，整個社會超過百分之五十以上的人們，都有這個困擾，所以算命先生說你「有財無庫」，你就會認為他很準，只好笑笑無奈的接受人生。

　　阿德高中三年級的時候，在家裡的工廠做著跑腿打雜的工作，長他十一歲的大哥阿財，當時就擔任公司的負責人，公司在他唸大學的期間，有著相當大的成長。所以，阿德一直以來在自己的公司裡，也只做了業務接單的工作，哥哥姊姊們掌控著工廠與公司，年齡的差異加上本身是個說不上話的弟弟，和哥哥姊姊們的財富距離也就愈拉愈大，他簡直只算是資深員工罷了。

　　阿德五十歲時，來跟我談到他的委屈與不甘，人生到了五十毫無成就，上不去又下不來，哥姊們的私心他也不敢置喙。

不要太小氣，那只會讓你失去更多！
Don't be stingy, as that will only cause you to lose more!

當年我看過他的住家之後，強烈建議他一定要搬家，是租是買都要下個決心，阿德夫婦眼看自己浪費了二、三十年，便下了很大的決心搬到中壢居住。

之後，阿德在楊梅設立了一個小工廠開始接單，三年前更與某個研究團隊合作，一起從事 5G 測試的研發與認證，公司的轉變與成長讓我感覺驚豔，很不可思議的發跡過程，都來自好風水的助力，阿德現在已經脫離母公司的訂單依賴，現在的毛利率與營益率都相當可觀，和以前一個貨櫃賺五、六萬的情況有很大的差別。

人生到了五十，很多人都會覺得成就大約就是如此，其實阿德五十歲之前，和他的兄姊的確在財富上差異非常大，他算是發老運了！雖然只是這幾年的功夫，突然間來的機會，完全不在他的意料之中，也從沒想過財富可以超越兄姊，「改變」真的改變了一切！

> 人生的轉變，有時候就在一念之間，就好比你內心的世界改變了，你所看見的外在的境界也就隨之改變了。
> 這讓我想起了我身邊好幾位的朋友，都有過這樣的經歷，很多人在一生中倘若有機會發富，往往就在幾年當中轉運，其中最重要的因子就是「內在的思維」的轉變，並且也要懂得利用流年的變化，下定決心將自己改變，人生經歷再次蛻變，你才會有一個華麗轉身！

將危機化為轉機
──玄空風水創造活易學的奇蹟

　　這一家人期待我能夠到訪，已經有一段日子了！其實是我一聽到南投縣，就感覺很遠不敢答應去看房子，哪知道從台中高鐵站到他家，不過就是半小時的路程。

　　當時，女主人聽從一位朋友的建議買了這個新家，誰知從此家庭經濟狀況就一直往下走，在學校當老師的兒子也感到事事不如意，一直都找不到原因。

　　我到他們家裡之後，將羅盤測量到的正確位置，拿出「證據」讓他們一家都看看，在這個卦爻上會發生什麼事！

　　為了我的來訪，兒子、女兒都請假一天，這真是不敢當！不過家庭裡的大事，的確是要一家人共同來參詳，要如何面對未來？該怎樣讓這個家更上一層樓，我的確扮演著重要的角色。

　　師者！傳道、授業、解惑。當然很重要囉！何況我也習慣將「證據」讓他們一家人都了解、都看看，這是解惑，也是家庭大事。

　　在學校教書的兒子，睡在東北的艮方，《紫白訣》有云：「四綠固號文昌，然八會四，小口殞生，三八之逢更惡。」這就是兒子如此沮喪不得志的原因。《搖鞭賦》也提到：「地到人門老母喪。」同樣睡在二樓的媽媽，壓力也一樣沉重。紫白飛星的論證的確是高明啊！

我建議他們不可再住在這個「新家」了！

這個地方左鄰右舍的不吉狀況，都在這一年多來逐漸顯現，要保命還是快逃開吧！

午餐後我們一行人來到了主人老家，老家是個很寬很大的農舍，而且就在富貴線上，只是很可惜是個巽宅，堂局也是不及格，因為過運，所以是「以前有錢人住的房子」，更因為巽氣吹離門，不利於男主人。我判斷這就是「寡婦居」的一種，哪知道主人家八十幾歲的老母親目前正臥病在隔壁房中，這真的也讓我驚訝不已！

我另掐指一算，告訴主人家，他的父親應該是在七運轉八運的前後，也就是二十年前過世仙遊了。這個說法讓一家人瞠目結舌，震驚不已！

玄空風水學被稱為活易學，也是堪輿學中最高最神祕的學問，每一種的論斷，都是有根據的，它沒有臆測的成分，起源於河圖與洛書，易學的本身就是宇宙觀與方法論述的結合，也是時間與空間的判斷，是個極有價值的學問。

我教授了他們如何解拆的方法，很像是「乾坤大挪移」的方式，可以解除一時的困難。之後，家運的轉變就是一天比一天進步，這是把不對的地方轉變成正能量，幫自己加分，家運自然就會愈來愈好。倘若不知道自己的家是個「寡婦居」，那麼老母親百年之後，自己也將陷入危機的困境，這可就滋事體大了！

這就是活用風水學所產生的價值之處。

能有拒絕錢財的勇氣，才有機會成就大富豪。
Having the courage to refuse money gives you the chance to become truly wealthy.

雖然，我們人生中隱藏著許多危機，但是，當我們有足夠豐富的知識與見識，就能夠將危機轉變，把負能量轉成正能量，與其在危機或降臨的時候不知所措，追悔莫及，不如先未雨綢繆，用智慧和知識裝備自己。

充分準備能讓你在面對緊急時臨危不懼。其中，風水學的知識就是一種改變自己的力量，懂得靈活運用，解決問題，抓住機遇，就能創造你人生的奇蹟。

命格再好，真的不如風水好

「不要老是把人生用在解決問題上，而是要為自己建立起一個不會產生問題的人生⋯⋯」這是風水學的價值所在。然而，我們該如何為自己排除障礙，建立不會產生問題的人生呢？

我很少會跟朋友們談到紫微斗數，最近看了一個命盤，不妨也透露一些個人的看法。要進入風水學首先必須有算命術的底子，這樣才更容易進入狀況。

任何行業都有它職業上的業務鏈，如同食物鏈一般的行業層級，風水學很有條件站上五術命理學的最高等級。一般的算命術根本沒辦法改命，如果可以改變命運，那麼算命根本就是不準的，我之所以不鼓勵朋友們算命，主要原因就是這牽涉到算命者本身的修為，稍一不慎便很容易誤人子弟，傷害了個人潛意識，也害了自己。

舉個例子，有位朋友的出生年月日，我保密不予刊出，她是太陽星坐命在巳宮，這是太陽星的上格，最利於日生人，我的朋友恰恰是午時出生，很多大人物或大明星級的人士都是在這個九點到十一點的位置上，這個命宮為人磊落豪邁，大方有人緣，急人之急，男性作風，而遷移宮又見巨門星化祿，這根本就是遠離家鄉發財之命，而財帛宮更是見到左輔星、右弼星雙貴人，這說明一生有人相助，這不僅是左右手的部下，其他的人際關係也有貴人相助，太陽坐命宮、財帛宮又見到天梁星，更是仗義輕

財、樂於助人，本身就是很好的格局，當然容易受部下的愛戴，也得友誼之助益。

看一個命盤，最重要的是它的走運，這個命盤必須遠離家鄉才會走運，而且朋友們更須看到她四十一歲起的連續三十年，她命宮星座都化祿來臨，我們看紫微斗數命盤，大運命宮非常重要，一般而言，連續二十年化祿來臨在三方四正，都比較容易成名得利，所以這就是標準的華僑第一代，而且是很有成就的第一代。

天梁星在財帛宮是為蔭星，這含括了受蔭與蔭人兩方面，所以說視錢財為「天下為公」，得人之助也樂於助人，這個人生可稱作快樂了。

不吝嗇的人生其實是最快樂的人生了！這個觀念應該要跟朋友們分享。有錢沒錢不是我想說的重點，就算是看個文章，幫朋友點按個讚，其實也是功德、是善行、是鼓勵他人、是好事一件。

只可惜我的這位朋友，夫妻宮占了天同星，太孤獨了一點，再加上住家風水上並沒有上好格局，否則這個命盤根本上就是個大企業家的格局。

我以前寫作的文章，曾提到很多好命又佔位好風水的公司企業，例如在敦化北路的台塑集團，信義區松智路上的國泰世華霖園集團，或是聯發科技、新普科技等等，這些都是既好命又在好風水上的案例。

但是，我也看到很多富得很辛苦的企業，例如在桃園市楊梅交流道附近的華映是「小空亡卦」，所以變成雞蛋水餃股。多年來，我一直提到的台灣那個「H牌手機廠」，甚至世界首屈一指的那顆水果，在加州使用了圓形辦公室之後，它的產品銷售真是讓人驚訝似的失望啊！當然，以它（水果）的財富，再敗家十年仍然可稱巨富，願上帝保佑它吧！

有一次我去模里西斯看望朋友,從機場往首都路易港的路上,也見到兩座圓形大樓,大樓還沒建築完成,業主已經破產不見人影了!

我不喜歡算命是不想再造口業,但是如果算命師算出我們的命運不佳,難不成就此放棄自己人生嗎?應該仔細的想一想才是!

> 時勢能造英雄,英雄也能造時勢,「命運」及「風水」兩者關係密切,即使是人才,看不準時機方向,再努力有時也難有所成就。過往,我們以為創業成功的關鍵是不斷努力,但事實發現,順勢而為比認真還重要。當「勢」來臨,必須把握機會,在對的時間、做對的事,成功機會自然提高;但當「勢」尚未來臨,就必須布局等待。所以,英雄也能創造時勢,上天總是為人留了一條活路,這是風水學存在最重要的關鍵理由——你必須要懂得為自己創造天時地利的環境。

三十功名塵土都是好福氣！

　　科技進步神速，帶給人們許多方便，也帶給很多人懶惰的藉口，就算是命理學也有了許多非常方便的軟體，只要把出生年月日輸入，八字命理、紫微斗數、姓氏命名、梅花易術、六壬奇門，甚至各種風水學、奇口訣都有了許多方便的軟體，裝在手機或電腦平板都非常方便，只是準確度嘛……可就見仁見智了！

　　學習八卦命理，當然要了解八卦有五行屬性及它的生剋關係，六爻也一樣。只不過六爻的五行生剋關係，必須以天干地支來表示。早期我們在學習的時候，幾乎都是以手指排盤來算出天干地支，這是基本功，半點都馬虎不得，而且還不能出錯。

　　尤其是古聖賢所寫的名作，都是文言文或是暗示語，加上古中國帝制時代民風保守，古言古語之間總是難以理解，甚至不知輕重。

　　就如風水學的「反吟」與「伏吟」，很多人只知道它不好，但是恐怕不了解老祖宗所謂的「吟」就是呻吟，若是在今日說呻吟，那就會令人不敢馬虎了。

　　反吟其實就是卦變沖剋，爻變沖剋。卦的反吟，分內外動的反吟，如離變坎、坎變離、乾變巽、巽變乾等等，就算是艮坤都是屬土也會相沖；爻也會反吟，是內外卦而反吟，如子變午、午變子、丑變未、未變丑等等。爻的反吟與卦的反吟也有所不同，這必須要分辨清楚的。

> 你所說的命運，其實是你內心的反射罷了。
> What you call fate is merely a reflection of your inner self.

　　紫微斗數想把命盤排出來，更是必須要精於手指排盤，掐指一算不用紙筆，就可以將一百四十四顆星，在指掌之間一字不漏、一字不錯的默記於心，這也是基本功。早年學習的時候，樣樣無人教導，花了我許多的時間摸索，無形之中也賺到了深厚內功。

　　任何五術命理風水，都沒有僥倖的空間，都講究深奧的歷練，更需要專業性的博聞多學，我寫作風水學很多年了，其實很多人都不知道，其實我在一九八八年，就已經用筆名在報紙上寫紫微斗數了。距今不知不覺已逾三十年，時間過得真快啊！

古代典籍是一座浩瀚的寶庫，古人在這些寶庫中留下了許多智慧結晶，每次寫文章的時候，都想把艱深的文詞變成簡單易懂的故事，因為這可以讓更多的朋友了解風水學的重要，但也真是不容易啊！

凡事盡心盡力，剩下的只好靠上帝！這其中有一份認真，也有著一份天真！能夠與喜愛的興趣與學問一生相隨，是真福氣啊！

人應該順應大自然的力量
——留意環境的陷阱

　　人生中不論貧富貴賤，誰都有煩惱，任何工作不論身分高低也都會有困擾，就算是退休閒賦在家，也有毛病上身時帶來的煩惱，那麼風水大師的為難又是什麼呢？

　　有一對夫妻看了一件建案，夫妻倆極為喜愛，他們應該是討論了許久，才跟我約了時間一起去看看。

　　事前我就已經跟他們說我看房子的風格，這個大廳頗為氣派的建案大樓，任誰看了都會喜歡。但是我看房子往往會先在標的物件的外面先做好測量，先了解它的卦位，看看是吉是凶，甚至會拿出我的祕本做為參考，總希望買房子的人絕對不要犯錯，買錯房子事端必多，甚至家破人亡，這種事情不能不慎重。

　　那天，我們在外面很謹慎的測量，隨即我就嚴肅地告訴他們，這個建案大凶，絕對不能購買，而且整棟大樓都在同一個卦位上，建議他們重新再找過。

　　其實，在台灣就有很多這樣的房子，但很多人看房子只看它的外表，或是只考慮生活上是否方便，其他便很少顧及了。

　　風水大師卻會替你的未來作考慮，如果未來對你的家庭不利，我甚至根本就不會進入大樓內去跟你裝模作樣，偽裝做個樣子來騙你，這種事我

做不出來，我一直相信舉頭三尺有神明，何況以我的人格特質，我根本就不必為五斗米去折腰。

之前去雲林也遇到一個案例，某個公司的老闆在市區買了一塊地，就委託當地的一位風水師幫他設計，這位有問題的風水師卻安排了最凶的卦位做為他的主臥房（不懂裝懂的假風水師），房子蓋到近八成的時候，他看到了我的文章，就請我再跑一趟幫他看看。

這個房子的風水算是普普通通，但做為主臥室的房間卻是大凶，而他卻做成最大的房間，當天我到了現場堪察後，就直言相告這個房子吉凶參半，又加了一句「如果當初是我來設計，我一定會反對興建」。

我的這位朋友頗有實力，所以我建議他另找一個好地方，重新興建住家及公司的總部，才是永續公司成長的關鍵，我向來的建議都是有本的，其實風水也有它的SOP，而持續的成功、成長才是我們要的結果。

然而，他們一家最後還是住進去了，結果女兒住得很不舒服，也造成他極大的壓力，又沒有其他的房間，不知如何是好？

花費千萬卻得到這個結果，真是讓人好無奈⋯⋯

磁場能量有正負之分，倘若住在不對的地方，我們身上的自然抗體會與負能量走入對抗，進而產生不適感，那麼這個人就還有救，倘若毫無警覺，壞運或病痛必然就會纏身，最後走入絕境，到救無可救，那就慘了！

同年、同月、同日生，命運就會一樣嗎？

　　風水學原本就是為了能跳脫命理的一門學問。試想，如果某人被算命先生算出是歹命，那麼他就要認命窮苦過一生了嗎？這種擺脫命運的力量，就是風水學能夠幫助運勢、能夠讓貧病翻身的重要關鍵因素。

　　很多人都會心存一個問題，同年、同月、同日又同時出生的兩個人，是否命運或財富都一樣呢？其實早年我也有同樣的疑惑，但是天地如此之大，想找到同年、同月、同日、同時出生的兩人，根本就是機緣渺茫，就算有幸遇到了這兩個人，我們也無法進行比對。

　　當初認識傳哥與珍嫂的時候，他們夫妻一家人是居住在租用的倉庫裡。夫妻倆忠厚老實的做生意，在他們同行來說，算是實力較為薄弱的一個商號。

　　或許就是因為他們實力比較薄弱，就把希望與期待寄託在風水學這個頗為神祕的力量了！我們也因此才有了較多的接觸。

　　他們的同行們（三個行號）因為店面及財富都比他們富有許多，但四個商行當中，只有他們夫妻跟我走得比較近，當然，我也給了他們較多的建議。

　　風水學之所以也是一種信仰，是因為只有堅持到底的人才能獲得最大的盈利，大部分的人都只是試試看的想法，唯有堅守信仰的人才是真正的贏家。

> 真正的姓名學，應該是大道至簡，它是詐騙最多的行業。
> True numerology should be simple and profound, yet it is one of the most fraudulent fields.

那年春天，我強力建議他們買下附近的一塊六百坪的土地，為人篤實的夫妻倆又愛又怕，拿不定主意，我卻強力的建議他們不用擔心，其實當年的我，是用他們的命盤以及他們所住的房子做為參考，相輔相成的幫他們把脈。

事成之後，那個數百坪的倉庫，部分自用，部分出租，倘若以現在的價錢來購買，這塊土地應該是要上億元了！

俗語說得好「人無橫財不富」，倘若只靠著薪水或是店舖的收入，想要成富談何容易，當年他們的「同行們」或許會譏笑她，但是真正能笑到最後的，卻是緊緊跟隨我的夫妻倆。

同年、同月、同日生，命運現象會極為神似，但是財富、家運、健康等等應該都會受到風水不同的影響，這是迴異不同的面相，所以說風水考驗人性，若存著僥倖心態，是很容易吃大虧的。

如果同年、同月、同日生，命運就會一樣，那麼和總統同年、同月、同日生，也一樣有總統命，那應該會同時有好幾個總統同時出現了。

真正的風水學，人生最高的境界

風水學真的是成功之母嗎？

有個好奇的朋友，問了我一個很有意思的問題：「風水學是不是一種另類的成功方法？」我想了想後說：「不是！應該是說……風水學才是成功之母。」而不是我們常常說的「失敗為成功之母」。

這種說法，可能會顛覆了很多人的傳統看法，很抱歉！我說的「風水學才是成功之母」，這是因為風水之學含藏許多宇宙神祕的力量。

然而，這也是從很多成功案例「擠」出來的誠實話。要打破傳統的說法，必須拿出很大的勇氣，不過還好的是，我有數以百計的朋友都可以替我做證，我幫助過很多的朋友邁向成功，失敗並不是他們成功的原因，眾多朋友成功的背後，其實都是對我個人的信任，也是轉變風水之後，才走向成功與富裕的。

玄空風水學被譽為「活易學」，是最偉大的堪輿學，祖師爺被稱為「地仙」，其實現代的高人們，本來就是走在「地仙」的道路上，只是現代社會做人總是要「謙卑、謙卑、再謙卑」。如果是這樣的態度，要如何去表達玄空風水的真相呢？所以只好誠實表達真相，「地仙」的確是風水學家的最高境界，不論你從事什麼工作，總會想把它做到最好吧。風水師指導他人尋求好風水的宅房，當然必須從過往的成功經驗去複製成功，這是最科學的哲理了。

雖然我總是想要把風水學導入科學，但是它也有很多無法解釋的現象，尤其是處理墓葬或尋找寶地，很奇怪的是，不論幫助任何一位好友處理已逝祖先的事務，大約經過二年之後，交誼不論有多深，都會發生感情中斷，交誼都會發生誤會而變成彼此不往來的現象，這種事說來話長，但是多年來幾乎每個都如此，很少例外。因此，處理先人的墓葬事務，我算是很有原則了，若非故交好友，通常是「拒絕幫忙」的，只要是我幫助過的朋友，幾乎都是交情較深的好朋友，而且事後他們也都發生了「財官雙美」的美好結果。

　　這種事總是透著無法解釋的玄異，但是大部分的好友又會在「絕交」之後的二年內「復交」，原因是忘恩負義後，都會遇到某些困難。所以，我總是感覺冥冥中似乎有一股神祕的力量，在左右著我們。

欲練神功，揮劍自宮就能成就？

　　名列中國四大奇書的《水滸傳》，創造了許多耳熟能詳的英雄，而《水滸傳》五百年後，誕生了一代文學大師金庸，金庸小說系列，包括《射鵰英雄傳》、《神鵰俠侶》、《倚天屠龍記》、《天龍八部》、《笑傲江湖》、《鹿鼎記》等等，被翻攝成電影和電視劇流傳於世，成為百年來影響力最為偉大的文學家、小說家。以個人淺見，未來五百年也不可能再出現一位金庸了。金庸一生學識淵博，他歷史見識的浩瀚，文筆章回的巧妙，有著許多的歷史原因。香港在一九九七年之前是英屬殖民地，也在對日抗戰及國共內戰時期，來了許多中國內地的高人雅士到港避難；筆名金庸的查良鏞及沈寶新兩人更一起在一九五九年創立了〈明報〉。

　　〈明報〉的「明」字，指的就是日與月，也就是陰與陽，這不就是「太極生兩儀、兩儀生四象、四象生八卦」的暗示語嗎？也就是說，當年金庸的〈明報〉，其中的某些編輯及記者有許多是懂得陰陽的高人，馬師傅就是當年在港傳奇的風水名家。

　　金庸小說裡，包含桃花島的桃花陣，以及東邪、西毒、南帝、北丐、中神通，都隱隱藏著風水學的術語，有著他巧妙的佈局，如果完全不懂易經、易理、風水、八卦的人，是無法將這些事物融入到故事裡頭的。

　　尤其是「葵花寶典」殘篇裡的武功，最是讓人震撼而感到精彩不已，其中當然是魔教教主東方不敗來自「葵花寶典」的絕世武功，縱使是魔教

> 要經過驗證資料才能說明風水學是真是假。
> Feng Shui's authenticity can only be confirmed through verifiable data.

教主任我行的吸星大法，加上令狐沖的獨孤九劍等等四個高手齊起圍攻，東方不敗仍然綽綽有餘。

金庸名著有許多名言，而且非常經典，也非常無情！其中悲劇英雄林平之所學的「辟邪劍譜」也有了經典傳世之語：「欲練神功，揮劍自宮。」擺明了獨孤學的無情，當然也說明了獨孤學的高明，古老中國有很多的祕術。然而，欲練神功，揮劍自宮便能成就嗎？

歷朝歷代近千年來的風水大師，包含晉朝郭璞、唐朝楊筠松、宋朝吳景鸞、清朝蔣大鴻、章仲山、沈竹礽、吳師青、孔昭蘇、鐘義明大師等人，竟然無一女性高人，這是個很特殊的現象，容我暫時不透露為什麼？

就以造葬風水之道來說吧！看山巒地理為人求福，每個家庭都會碰上，也都有這個需求，只是早晚而已。但是龍穴砂水為人造福，《天元五歌》熟讀後應能知其一二吧！

「葵花寶典」開篇就說「欲練神功，揮刀自宮，煉丹服藥，內外齊通」。其實，揮刀自宮是引子，煉丹服藥才是練功的根本。《笑傲江湖》中同樣自宮的岳不群與林平之為什麼沒有辦法有東方不敗神一樣的神功呢，可見他們雖自宮，卻沒有完成更重要的環節──煉丹服藥。煉丹服藥就是按照祕籍中的方法，日積月累練習，打通脈絡，使全身充滿了內力，這才能展現功力。這就如同我們學習一門學問，要能練成頂尖專業，也是靠著不斷的努力修練。風水學廣大精深，深不見底，更是得加倍精進，方能領悟天地的奧妙及哲理。

「福澤天定」與「完美極致」如何相得益彰？

　　彰化田中的一位朋友委託我幫忙設計他的新家，這是一塊距離市區很近，而且土地也很寬敞的好地面，照理說應該是比較好設計的宅邸，但是如果這樣想的話，那可就掉入陷阱了。

　　我仔細觀察過附近的鄰居，應該都是一些生活在底層的平常人家，而我的風水學可不會如此這般，一定要把它變成旺山旺向，把它變成財官雙美的格局。

　　找尋好的宅居很費時間，也常常讓我感覺左右為難，畢竟人家可是全心全意的付託。但是建造宅邸就非經驗老到、風水學底蘊深厚、學識淵博不可，這可不是鬧著玩的事情。

　　我思考了一段時間，並且一再的打破自己的思維，定案後的富貴線和馬路出現了極為明顯的落差，我又一再的親臨現場審視，才確定為「非常完美」。

　　風水大師是一個理想主義的實踐，是對自己良心的檢驗。我偶爾去幫讀者們看房子的時候，都會發現許多人早已經請了別的風水師看過房子了！所以家裡會放許多的「風水用品」，然而，真正內行的風水師，不會利用賣「風水用品」的方式來謀利。要知道，建造房子請到不懂風水的人，一旦真的有災難，恐怕也難逃啊！

　　風水住家，其實可以看出主人家命運未來的走向，我的客戶裡其實也

有賺了大錢以後，關係就淡化了，但是不離不棄走得更近的人，那可是更多的。這就有了命運走好或走壞的不同，也許說它就是「緣分天定」吧！

能夠買對一塊地，又能請對好的風水老師幫忙設計，說明了主人家的福澤深厚，一切相得益彰，當然「完美極致」。

真正的智者能知所進退
——歷史皇朝給予的啟示

　　為什麼努力盡心幫助他人選寶地做祖墳後，竟然會連續性的與案主發生感情變化呢？這或許有著先賢前輩們的詛咒吧？但從另一角度來看，其實不也是考驗著案主是否有胸襟？也考驗其人是否能有後福？

　　玄空風水學流傳在中土已經上千年，在古代的風水師，最好別為太有權勢的皇親國戚起造風水陵寢，我們從很多朝代的野史傳說之中，便可以看到那些幫助皇帝的後果都相當悲慘。

　　就以明朝開國皇帝朱元璋來說吧！幫助他拿到天下的功臣，個個都沒有好下場，只有劉伯溫還算高明，知所進退，但是劉過世之後，據說擔心他人挖掘他的陵墓，也做了十幾處的假墓，至今在江浙民間，依然可以看到好幾處劉的衣冠墓園，不知是真是假？這也給了許多好事者有關劉伯溫傳奇的想像空間，有了許多膾炙人口的故事。

　　好幾處的「劉伯溫墓」，這或許也已經是在高科技的現代，卻仍在民間流傳有「生基」的原因，因為「生基」會給予人們富貴的聯想，所以會被部分的人深信不疑，這也是劉伯溫生前自己都想不到的「模仿」吧！

　　宋朝趙匡胤的「杯酒釋兵權」，那更是大家都可以琅琅上口說上一段既無情又現實的故事，那麼幫助宋朝皇族做皇室墓陵的風水大師，你認為是誰呢？當然是鳥盡弓藏，陵之成也人必亡！

> **不重用頂尖的風水大師，是你最沉痛的損失。**
> Not utilizing top Feng Shui masters is one of your greatest losses.

所以，古代的風水大師個個不敢顯露功夫，也都個個歸隱山林，深怕招來禍端，縱使在清宮朝廷專司皇室禮法的「欽天監」，也難見到一二風水高人。

古代皇帝擔心有人篡位，當然不讓大臣門下有能人雅士，縱使遇到高人，也不願意大臣們重用，以免日後禍亂朝廷；而身懷絕技的大師，往往也是隱藏於江湖之中，而由學生弟子供養禮敬。先師蔣大鴻在康熙時代雖名滿大江南北，仍避隱浙江紹興，可見其高深智慧。

曹操的陵墓據傳已經被發現了，他的墓陵一定錯得很離譜，所以兒孫暴虐相殘，留下千古名詩一首：

煮豆燃豆萁，豆在斧中泣；
本是同根生，相煎何太急。

風水的錯誤也讓曹氏魏朝似流星般的短暫，或許說曹操殺人如麻，乃至禍延子孫，但是以風水師的角度來看，曹丕兄弟鬩牆，曹操墓園犯了「出卦」必不意外，這是出卦才會發生的現象，祖先風水陵園原本就是風水學的最高階層。

一個人乃至一個家庭，福澤富貴深淺與否，的確是很有趣的研究，半點都勉強不得，我的一位知名度很高的商界朋友，從他國小及他小時候的老厝，乃至於今日公司總部，竟然都在風水極佳之地，而且他們家族從來都沒有請過風水老師，竟然有這種福氣，我們只能說天生我材必有用，上天或許就是要他們家能夠供養千百眾人吧！

福地真的福人居？
——未來二十年特別要注意的環保議題！

「福地福人居」這句話似乎誰都可以琅琅上口，這句話好像也成為經典名言，幾乎成了人人都不會反對的語言，也是人人解釋不同，變成人人誤解的名言。

某位很有成就的「好野人」，鄉里鄰居就恭維的說他是福地福人居，這是一句客氣話，說他們家風水好，他們家的人有福氣，是一句最好的讚美話語。但是，也有朋友談到「福地福人居」這句話時，似乎又表示帶點對命運的無奈，表示自己沒那麼好福氣。

真實在風水領域長期研究的老師，可能在自己接觸過的朋友中，會發現也有不少的富裕家庭，他們未必有高人相助，住家或工廠公司都在不知不覺中買到一流的風水，那麼這就是我們所說的「福地福人居」，這句話，朋友們可以從積極面看待。

我曾經在以前的文章提過，台達電子在台灣、大陸吳江、泰國保稅區的廠房都是使用到好風水，這一類型天生富裕的人士，其實在各個領域裡都很常見，他們有著福地福人居的福氣，當然也有著上天賦予的責任，必須養育眾多的家庭。

但是也有很多人富貴不耐久，有些人住在好風水之後，日子愈來愈好！就買了另外一個更大的房子，準備享受更豪華、更大的空間，卻買到

了大凶的房子，以致於健康及事業都漸漸地走下坡，我在竹北就有個朋友買大豪宅，就是犯了這個錯。

　　三元九運是三元地理的準則，這在很多的學派都有相同的認定，現在八運結束，九運開始起動，九離運五行屬火，暗示未來天將大旱發生大變遷，離運在地則顯示為乾涸之地，是個天乾地燥爐冶之處所；在人體而言，屬中醫的上焦，外五行是眼睛、內五行則主心臟。

　　如果對照近年來地球發生的加州野火、噴射氣流、北歐瑞典夏天高達攝氏三十二度的溫室效應，歐洲的高溫以及在澳洲的大地一片嚴酷的乾旱，連牲畜都難以養活，很多地方都有超過四十度的高溫，全球到處都可以找到暖化的跡象，這讓我們感到對未來的世界頗感憂慮，人類未來不必也不會有槍砲的世界大戰，但是二戰之後地球人口已經增長到超過七十億人，光是各國拚命地將地球升高溫度，未來因為溫室效應受到傷害的人們，恐怕比發生世界大戰更恐怖，這就是我說的「九運憂慮」。

　　現在很多兒童，家長為了安撫他們，就拿手機讓他們玩遊戲，這種情況在許多場所都可以看到，所以面對未來的九運，下一代必然要付出沉重的代價；若是問我未來那個行業最好？也許讀醫學院得選眼科了，要不也要選學心臟血管科系，畢竟面對愈來愈難過的日子憂慮必然增多，心驚膽戰的氣候變化，為自己、為親人眼睛的擔心必然也增多。

　　人類發明了武器，帶來很多的爭戰與死傷，人類發明了智慧型手機，給予你我許多的方便，在未來也可能帶給我們很大的傷害，世有萬物、人有萬事，萬事萬物都有個理字，八卦的卦象裡自然也有著陰陽變化及消長的道理。

為何要百分之百的敬業態度？

有人說六十分及格將就就好，為什麼要講究百分之百的態度？

在《易經》裡，人的命運以八起數，所以就是八乘八等於六十四，這就是古中國老人年長者應該小心的年齡了，可是現代社會，常常以八十歲作為一個高齡的代表，這也是八卦的一種改變吧！

所以，我們說八卦可分有六十四卦，在廟宇抽籤也正是六十四卦，這種說法是數千年來屬於中華文化的卦理。

西方講究科學，所以事事都要有個數字，一件事情若能夠做好八成，我們就說他很了不起了！

這就是「二八法則」，這個世界有八成的窮人，卻只有兩成的富人，其實這只是大約的數字而已。股票分析經常使用「移動平均值」，其實這也是我在風水觀察裡常常使用的方法之一。

在建造一棟房子之後，或設計一棟總部科技大樓時，我都會持續追蹤，並且觀察它的主人（董事長）運氣又是如何？這是我非常重要的工作之一，所以我成為許多客戶的長年顧問，就像是保固追蹤期限的概念吧！

但是現代的人，在房子蓋好之後或是發了大財之後，就不再理會風水的變化！其實這對他們而言，是一個重大的損失，做好持續的追蹤非常重要，因為風水是會隨著每一年運勢發生變化的，例如一般所說的二〇二三年是八運，二〇二四年的往後二十年是九運（這種說法以筆者的研究來

> 穿唐裝的風水師絕對是假的，演員穿衣服來騙你。
> A Feng Shui master wearing traditional Tang clothing is definitely a fraud, just an actor in costume deceiving you.

看，是錯誤的。至於真相如何？很抱歉，需作保留，因為這只會傳授給弟子），將會發生天差地別的改變！

從風水學的觀點來講，有八成以上的房子都是不理想的房子，而我認為很可能超過九成，只有一成左右是好風水，我往來上海非常多年，東京我也非常的熟悉，日本為什麼會沒落三十年，這跟他們的風水其實是有關係的。十件事情做好八件，每件事情又做好八成，乘起來又是整件事情的百分之六十四，所以東西方的文化看起來也似乎有個共通點，便是把六十分做成及格的標準。

但是在風水學的角度不是這麼說的，我們希望做到百分之百，至少也要達到百分之九十以上的水準，現代企業講究貨品的良率，所以這也是我的高標準。

第二章

尋找好風水的基本認知

易學是命理風水學的基礎

　　《易經》之學在古老的東方文化中，地位之高無與倫比。我們知道孔子所創立的儒家倫理思想，給予我們極為深遠的影響。

　　二千五百年來的歷朝歷代，都離不開儒道思想的影響，倘若偏離了儒家思想的禮教，沒有孝義、沒有禮敬，往往便是朝代時間短淺，皇朝無法延續，可見儒家思想的偉大，即便如韓國、日本的文化，也都是孔子儒家思想的延伸。

　　孔子少小勤奮好學，雖然貧困卻也深研貴族才能學習的六藝，也就是「禮、樂、射、御、書、數」。他更在有成之後再精研六經「詩、書、禮、樂、易、春秋」。

　　其中《易經》是古中國極為了不起的學問，而這還得感謝孔子一生中最了不起的貢獻，因為他「刪詩書，訂禮樂，贊周易，修春秋」。

　　古埃及、古印度、古羅馬、古中國，古世界的任何地方都有著古老的占卜巫卦，中國上古時期伏羲氏統治天下時，仰觀天象，俯視萬物，開始創作八卦，以天地萬物之象通神明之德，以類萬物之靈，而八卦對待成列，陰陽成對，世間萬物所有景象，全都包含在八卦之內，卦爻之間互有剛柔，也變化在其中。

　　數千年來，人們對前途、對未來、對天象都有著無比的崇敬，所以統治者就以無可替代性的天命神學做為掌控權力的依據。

> 風水師可以圓滑，風水大師沒有圓滑，只有對錯。
> A Feng Shui practitioner may be flexible, but a Feng Shui master knows only right and wrong.

　　早在殷商時代，便以龜殼裂痕來占卜吉凶，也因為如此，烏龜愈來愈少而改以牛骨來判斷吉凶，所以遠古殷商時代皇權必須由智者，就是人們稱呼為「巫」的人，以占卜之術來定天命所歸，當時神靈在人們內心深處，都有著至高無上的位階，而術者「巫」更是神與人民之間的橋樑，「巫」受著皇權左右，也有著無以倫比的崇高地位。

　　周文王被商王朝封驛於西伯，也就是統領西方的人，但是他卻是尊長敬賢、慈愛人民的王者，由於禮賢下士，於是四方賢能都來倚靠於周，所以他演譯出文王八卦，並且在武王伐紂之後，以此新的占卜術得到「天命」，取代了暴虐的商紂，創立了周朝，並以周易影響中華文化三千年。

　　孔子是文王之後五百年最偉大的思想家，他開創了「易學」，他發揚了「性善論」，並以一陰一陽謂之道，繼之為善，做為他「仁學」的哲學基礎。真實的說，孔子的仁，就是真誠踏實，切忌浮誇逆道，也是曾子所說的「忠恕」，所以我們這個社會需要「禮、義、廉、恥」。

　　玄空風水學是非常了不起的一個學問，也是以易經八卦為基礎、衍生而出的生活驗證。孔子禮贊「周易」，而讓後世人們獲益於易學的奧祕與偉大，我所說的「風水學的智慧」，指的就是四維與八德，孝道則是其中的中心思想，我常常說「孝子多富人」，是有依據的。

　　周易是一種高明的預測學，八卦則是範圍廣大，獨特高明又能夠將萬物萬事信息做出準確預測的方法，數千年來，古中國的高階知識分子們，也就是人們所稱謂的士大夫們，大致都有所涉獵，雖然每個人雖然都勤以學之，卻是每個人都是半桶水，因為這個學問「變易」，沒有人是第一名，它需要靈感與觸機，也就是我們所說的「緣分」吧！

飛龍在天——風水學裡的「生氣」

　　一個人會算命到底是好事？還是壞事呢？

　　實在說吧，很矛盾！學會算命第一件事當然是先幫自己看看，再擴展到身邊的兄弟姊妹好朋友，更進一步就是半職業或全職把它當成工作了。

　　很多的算命術其實都很有邏輯性，仔細地去研究其實也很好玩，生活上也必然多了一份樂趣，是不是很準？那也不一定！應該是說，術者與朋友之間，愈是了解，準確性愈高，但就算是大師等級的，偶爾也會有不準的狀況發生。這當然包括了任何的算命術，氣象預報或經濟周期的預測，都算是預測學的一種，從易學易理發展而成的算命術，只是大部分被運用在做為個人命理的探討。

　　然而，風水學把山川形態比喻為龍，它的目地應該是想借「龍」的神祕與它的神靈之氣，來表現它的不凡，這裡所謂的神靈，就是蘊藏在天地山川之間的生氣，也就是大家所說的「龍氣」。

　　《葬經》中所談到的「夫陰陽之氣，意而為風，昇而為雲，降而為雨，行乎地中而為生氣」，這「生氣」正是龍上天入地、行雲流水所散發而出的象行，我們常常所說的「尋龍」，指的就是尋找吉祥的房子，若是在陰宅而言的尋龍，所指的就是並不容易遇到的「吉穴寶地」。

　　「生氣」中所謂的氣，在風水學而言是一個很重要的概念，卻很難界定它的內涵。說它是具體的，它卻有著溝通天人合一的感應，說它是抽象

的，它又有著構成天地萬物、山川行態的功能，「龍」的神祕或許就在這「具體與神祕」之間傳說了五千年。

　　我的一位朋友，最近發生了一件嚴重的車禍，他開的德系E-Class幾乎全毀，很奇妙的，他幾乎沒受傷，這件事情我在十五年前就已經告訴他了，也是我一再鼓勵他別太省錢，安全大於一切，買一部安全的高級車吧！在他的那個國家，進口高級車比起台灣貴了許多，所以路上歐系的高級車算是很少了。

　　在算命學而言，這算是在劫難逃，非常嚴重，但是他卻是住在一個風水絕佳的地方，我也幫他看了這個流年，屋宅之間風水上並無不妥，這也是風水調和良好，避免命中「所謂注定」的一個良性案例吧！

羅經差一線，富貴就不見

　　在一九九五年認識了一位在桃園南區聲名不錯，算命頗準的算命師，她也認識我，聽過我的部分故事，相識寒暄之後，彼此也相談甚歡。

　　這聊天聊久之後，總難免言多必失，她說她也會看風水，而且看風水她不必用羅盤也可以看得很好，聽她那麼一說，可把我唬得一愣一愣了。

　　以前我體驗風水的經驗尚有不足，但是很慶幸自己走在玄空的路上，從入門開始就很少出錯，可是當時聽到人家看風水，不必用羅盤也可以看得懂，那真是感到訝異，而且要「佩服之至」了！

　　這一類吹牛的命理師其實很多，風水絕對不是「唯心論」，唯心就是憑藉著感覺來看事，所以別相信可以用「通靈」、用「感覺」來看風水，正確的說，只要缺少了羅盤，高人也會變得很平凡了！前輩高人所說的那句話，「羅經差一線，富貴就不見」，才是它的經典與內涵。

　　真正的高人其實會以精密的態度來面對風水，很多房子的好壞吉凶，很不可思議的常常都在一線一度之間，一點都忽略不得，這種說法可能很多人都會很訝異，古老的風水學，需要那麼精密麼？讓我說個故事吧！

　　那是一個建商所建、漂亮而且頗為立體感的中大型社區，連結的六棟大樓裡，仔細的看，每棟大樓都有著微微的彎度，這也造成了每個大樓度數的不同，每棟大樓大約彎曲了三度上下，A棟到C棟之間至少也有了五度左右的差距，一般人根本就分不出這其中竟然會有不同。

> 佛菩薩無所不在，只是你不相信而已；問題在你，不在菩薩！
> Buddhas and Bodhisattvas are omnipresent; it's just that you don't believe—they aren't the problem, you are!

當年我建議阿芬買下 B 棟七樓的一間房子，這幾年她們夫婦收入頗為豐厚，日子也過得還算愜意，尤其是她們的女兒，學業表現得極為優異，最近她來問我，為什麼她的堂妹也住在這個社區，卻發生了很多不幸的事？

阿芬買這裡的時候是我給予的建議，我並不知道她的堂妹隨後也買下了 D 棟的一間房子，但是兩棟房子至少差距了五度左右，重點就在這裡了。從外觀及景觀來看，幾乎是沒什麼分別，但是在羅經上差別就很大了，阿芬的房子是艮坤向的富貴線，她妹妹的卻是大凶的空亡卦。

讀到這裡，朋友們可以體會到它的重要性了吧！

奇遇與畸緣

　　一般人對風水學的方位，常常會感覺迷惑，對於自己的住家常常也是不知輕重，很多時候在我幫他人看房子的時候，都會被問到很多「無厘頭」的問題，這或許是長期以來很多故意誤導人們的「邪說」，把風水學真正的意義走偏了！

　　例如有人會問：「我的床頭後面就是廁所可以嗎？」

　　這是很搞笑的問題！

　　「你認為哪裡不妥當了？」

　　有人說床頭後面是廁所，頭腦會裝「屎」，變得比較笨！其實這是無稽之談。我們在上個世紀的阿公、阿嬤，每個人的房間都有個尿桶，現代的人們都忘了早年老祖宗們的習慣，但老祖宗們有變得比較笨嗎？現代的人很多人都住在套房，用的也是「馬桶」，而且很多時候都將浴室打掃得很乾淨，「床頭後面是浴室，那又何妨呢？」其實重點在保持乾淨。

　　風水師並不是一般人可以勝任的工作，尤其是那些喜歡胡言亂語的人，可別聽信這些胡言亂語，倒是要很小心謹慎的過好日子。

　　凡是懂一點命理學的人，應該都會認為天地之間有著鬼神的存在，否則為什麼可以算命算得那麼準？我也認為冥冥之中有著神祕力量的存在，只是摸不著、看不到而已，我對某些神媒通靈的人士總是敬而仰之，我相信部分的人有這個能力，但很大的一部分則是吹牛居多。

某些空屋常常有鬼魅，愈是老舊殘破愈是恐怖，我們在外面看房子或是看廠房的時候非常忌諱，撞邪或是遇到不吉祥的事非常正常，我們知道飛星二五六碰撞在一起的時候會鬧鬼，如果看陰陽宅的時候恰巧遇到，就看「老師」怎麼趨避了。

　　很多人都以為唸唸佛經可以辟邪，然而，凡俗的人要達到這個趨吉避凶的境界，距離還遠著呢！凡人若是常常看風水卻撞了邪，最常發生的症狀，一般而言是：莫名奇妙的腰痠背痛、寒邪入裡的大便溏洩、眼神乏力、手腳冰冷、無名頭痛、夜夢入幻等等。

　　這些問題都是緩緩地跑出來的症狀，時日拖久就不妙了。常常拿羅盤的人不可不慎，也千萬不可硬撐，而民間風俗或是廟裡的「收驚」效果其實也很有限。

怎麼找藥方，找出一條活路？

　　當年我首先提到寡婦居的概念，那麼有沒有人的命中是「剋夫」或「剋妻」呢？

　　這是一個流傳千年的江湖傳言，自古以來都有這方面的傳說。

　　「那個男人命很硬，連續娶了幾個老婆都一個一個掛了！」

　　「那家的男主人去世了，會不會就是他的老婆剋夫？」

　　這種說法對任何人而言，感受都好沉重，又好無奈！

　　這是一種鄉下人的說法，也是一種無知沒讀書的人才會相信的低俗文化，以訛傳訛迷信無知才會相信的說法。

　　然而，讓我們冷靜想想，人都是很平凡的生存在這個世上，不論你是什麼身分，也都只是個人，不是神，也不是佛，更不是魔！

　　縱使那些自命「活佛」的人，也都只是凡夫俗子的身分。只要是人，就只有人的力量，你剋不了我，我也奈何不了你，人類生而平等，誰都一樣！就算是具有神通的人，他也不會動不動找個人來「剋」，不會那麼沒有水準吧。

　　我的說法或許顛覆了民間傳統的觀念，但朋友們應該知道，傳統觀念也不一定就是對的，科學上的態度就是要大膽假設、小心求證，如果大家是用這樣的態度去面對迷信，就不會錯了。

　　年輕的時候我也曾跟大家一樣，也是相信「那個男生剋老婆，那個女

人剋老公」的說法，在我深研命理學之後的數十年裡，我常常對「命中有羊刃，夫妻宮有陀羅」，或者是夫妻宮有有著不好星星的人們，就會特別地注意，而且還是長期去觀察他們的夫妻關係。

但是，經過大量的統計資料，其實並沒有「相剋」的對應關係，所以這個民間傳說很明顯的存在著大問題！

我曾經幫助過非常多對的夫妻，安排一流的住宅讓他們居住，他們的命盤也都不太好，可是經歷了數十年，他們也沒有相剋的現象，甚至感情相處得還頗令人稱羨，這讓我的這個說法找到了佐證，我有義務為大眾釋疑，替那些不幸喪偶的人們，洗刷天大的冤枉。

話說回來，倒是在陽宅或陰宅的觀察上，可以很明顯的顯示出家族成員平安與否？所以我們可以確認「剋與不剋」不是人的問題，而是因風水的吉凶來決定其生剋。

風水不對，貧病交迫何其多！

在各地看房子的過程裡，赫然發現有很多年齡不大的年輕人，因為風水住家的錯誤，都有著許多不安的病痛，其中包含著心肌梗塞裝支架的患者，也有二尖瓣膜脫垂的人，竟然都只有四十歲上下，乳房硬塊的也是三十幾歲而已，年輕世代患病的比例竟然那麼高，讓我頗為震驚！

有很多人是遇到了問題或困難，才來找風水師幫忙看風水，看看能不能夠找到化解的方法。其實，往往我一進門，大約就可以找到問題的根本了。

玄空古籍《飛星賦》上說得很明白：「周流八卦，顛倒九疇，察來彰往，索隱探幽，承生承旺，得之足善，逢衰逢謝，失則堪憂。」

乾、坎、艮、震、巽、離、坤、兌，這就是八卦，它的每個卦都有不同的表示，也有不同的意義，更妙的是，如果兩個卦、三個卦一起出現，它的解釋就更為玄妙；「顛倒九疇」代表著陰陽與九宮數與洛書數；「察來彰往，索隱探幽」，這不就是指貧與病的隱憂嗎？這怎麼躲得過風水高人的眼神呢？其實很多人薪資的低報酬或運氣的不佳，都與住宅的氣運息息相關，而長期的壓力更是病痛的源頭。

後面的四句話「承生承旺，得之足善，逢衰逢謝，失則堪憂」，用現代的語言來解釋，就如同「富貴相連、貧病交迫」。若是得到生旺之氣，那就好極了；倘若遇到衰敗之宅，那實在是令人堪憂啊！

> **風水是「富人講究、窮人將就」。**
> Feng Shui is something the rich meticulously pursue, while the poor make do with what they have.

在《飛星賦》又提到：「人為天地之心、凶吉原堪自主，易有災祥之變，避趨本可預謀。」這是說人立於天地之間，受到太陽運行及大地變化多端的影響，是吉是凶是可以趨避的，在風水學的術語中，就是說巒頭與理氣配合完美，當然可以預防破敗。

又說，「小人昧理妄行，禍由己作；君子待時始動，福自我求。」這是說小人與君子之間，只在一線之隔，小人狂妄行為不端禍害自己；君子防範未來，誠懇待人，福也將至了！

> 人與天地之間有相依相存的關聯性，人的生存離不開這個地球的自然界，因此身心也受制於整個周圍的環境影響。所以，我們要懂得天地之間運行的道理，並巧妙運用於人事物上，謀定而後動，人為天地之心，凶吉原堪自主，所以自然能趨吉避凶，福自我求。

台灣科技業為什麼那麼了不起？

　　台灣從南到北的街頭巷尾裡，最常看到的風水用品應該算是「山海鎮」了！很多民眾家裡有了問題，或者是破財，或許是身體有了病痛，或許感覺運氣不好，在無力感產生又覺得求助無門的時候，有部分的人可能就會先去廟宇拜拜，祈求家宅平安，如果問題仍然無法解決，很多人也會尋找宮廟住持幫忙祈福，當然，這時候就有很多「仙仔」會自告奮勇，主動去幫人「看風水」。

　　仙仔最常用的就是山海鎮，所以台灣街道上的很多樓房就跑出許多「山海鎮」，成為台灣很特殊的景觀。山海鎮最重要的作用，倒不是它有沒有效果，朋友們也不必去尋找這方面的答案。

　　如果想要買個中古屋，看到一棟大樓的住戶外牆上，如果有二三戶人家，都在外牆上放有「山海鎮」，那就千萬不可買這裡的房子，如果別人住得不平安，別相信自己不會那麼倒楣，如果住戶都平平安安賺大錢，誰吃飽那麼閒，屋外還要擺上那個「山海鎮」，告訴人家「此宅不安寧」。

　　人類從出生開始，就分為兩種角色，一種人天生就比較迷惘，往往從事比較屈從勞役的工作，另外一種人從思考到對策，都比較善於指揮，多擔任統帥用腦的工作。從來就沒有人去探討，這些人們居住的環境，到底有什麼不同？或是社會上沿高階的人們與負責勞力密集的人們，他們彼此之間住宅上有什麼不同？差異點又在哪裡？

這就是玄空風水最有價值、在現代社會深刻地被人們重視的原因。我設計過幾個知名度很高的大廠，他們可以說是科技業的翹楚領導者，這些大公司其實都非常講究風水，他們投資一個工廠，其實都相當慎重，從規劃、相地、討論、設計、修正到動工都非常講究，公司的主管層，往往學歷都有著博士以上的級別，各項閱歷也都很實務，然而他們其實也都非常相信風水學，常常問我的問題也都相當尖銳，我也喜歡與這類型的人接觸，會給予我良性成長的互動。

　　台灣的科技業或機械業在世界科技領域上的成就與耀眼，絕對可以算得上是世界的奇葩，這種的成就別的國家很難仿效，其中最重要最關鍵的原因，就是台灣人非常重視風水學，尤其是高階的領導層，只是大家都心照不宣罷了！

貪於小利以失大利──奧祕而有趣的學問

　　這幾年看著天運悄悄地轉換，從風水學研究者的身分來看，其實是一件很具樂趣的事情，依玄空風水學的角度，這幾年大運已漸漸發生變動，現在將是九運離卦主導人世間所有的變化。

　　易學研究不必每件事都預言準確，否則自己的壓力很難釋放下來，只是在觀察那些現象的時候，有很多很有趣味的發現，生活中的樂趣萌然而生，有時候也會有很多生活中的樂趣。

　　寒舍艾美酒店是台灣的瑰寶之一，它巧妙地揉合人文與藝術於一身，更給予台北濃郁的時尚潮流，是一個我很喜歡的酒店。二〇一六年受人敬重的寒舍創辦人蔡先生心肌梗塞去逝，但是二〇二一年，他的長子也在四十八歲的青壯年時悄然而逝，讓人有著濃濃的不勝唏噓之感。

　　以我的經驗來看，很多有錢人家住的房子未必就很好，只不過是他們的底子很好，這些富裕的人們，大都不會認真地花時間和風水名師探討人生，且大多數的人都以為風水學只和賺錢有關，那是不懂玄空風水真正的內涵，其實財富、病痛、家庭成員傳承、升遷、官運、口舌、田園等等，都與風水吉凶有關，當然壽元也是。

　　幾年前我幫小張選了一棟公寓房子，之後三年小張的生意非常興隆，經營的餐飲冷凍材料絲毫沒有受到疫情的任何影響，後來他的二姊看他如此的順利，便也買下了他隔壁樓層的房子，急匆匆的搬了進去了！結果，

> **有學問、有知識的人才是富人。**
> It is knowledge and wisdom that truly make a person rich.

二姊夫當年底發生了意外，腿部重傷住院超過一個月，二姊也投資失利，損失頗為慘重。

小張很誠懇的邀請我幫他姊姊看看房子，他覺得很不可思議，為什麼他住得那麼順利，二姊卻完全相反。二姊當初買這個二手房子的時候，我是完全不知道的，她可能是想要省下一點錢吧！

我跟他們姊弟很誠懇的說明，從十一樓出了電梯口，小張的家是往左邊走，二姊卻是往右邊走，這兩間房子大門就正巧相反，室內房間也是相反的兩個格局方向，一個在吉方，另外一間卻是在凶方，雖然都在富貴線上，結局卻是完全不相同，姊弟倆面面相覷、一臉茫然地問我怎麼辦？

我勸姊姊還是賣掉吧！否則日後恐怕有更大的災險。大樓高層的房子根本就沒辦法更改，如果是透天厝還有可能修正，這就是玄空風水學中最玄妙的一個法則。

慎終追遠，民德歸厚矣

　　《四庫全書總目‧葬經提要》認為風水學術是「自漢始萌」，也「盛傳於東漢之後」。所以，當時便有以厚葬為德、薄葬為鄙的社會風氣。

　　《後漢書‧袁安傳》曾紀載著一個故事，袁安的父親過世，他的母親命他尋找墓地做好墓園。袁安某日在半路上遇到三位書生，四人相談甚歡，袁安當即將他想要尋覓葬地的心願告知三人，其中一位儒生便指出一塊地方，勸他將其父葬於此地，並保證他代代做上公，高官顯達。袁安大喜，將其父葬於這塊土地之上，果然家族日後累世居於上公，顯赫隆盛。或許是這個故事的關係，千年以來這神乎其神之事，就廣泛並持久流遠的被術家所傳誦。

　　這個聽起來很玄的故事，其實在我的人生體驗當中很常見，也不必懷疑，玄空風水的高人很多事的確就是如此，只是寶地難尋而已，也並不是就找不到，但是的確會影響三代子孫後人。

　　我們可以說，陽宅風水是起源陰宅相墓之術，其實看陽宅也可以看出很多的事情，有時候比起一般人所想像的多得太多了！

　　我常常在幫人看風水的時候，總有一些事情在言語上難以啟齒，但不是故意隱瞞，而是為自己留一點口德，只是也會在重點的地方「行俠仗義」，一再的暗示，一再的強調，但是矛盾啊！矛盾！做好一個自己愛好的工作，心情上有時候感覺就是「難啊」！

我的朋友拜託我幫她的朋友看看房子。我看過之後就直言：

「宅主人會在×年後過世。」

「開店生意還可以，算是不錯。」

「二五交加在長子宮位，不利長子。」

「要審慎考量，否則會傷及長孫。」（長子逝世後的替代作用）

當然也會談到「如何趨避」。

其實，常常在寫文章的時候，看到某些現象也會不忍心寫得太清楚。例如，我在文章中常常談到的「寡婦居」，這是在世界各地常見的房宅，這句話之後其實還有很多的話，我不忍啟齒，讀者們再多想想吧！

木本水源
——陽宅主家道興隆，陰宅主子孫昌盛

　　每個人生活中總是有很多的驚奇和小確幸，或許是胡亂跑進一家餐廳，吃到了終身難忘的美食，或許是正在找停車位的時候，剛好前方有車正想離開車位，讓我們找到了生活上一點點的幸運感，為無聊的生活有了一絲絲的漣漪和快樂。

　　我的工作常常會有機會進入各種不同領域的客群，而且永遠都有機會了解到朋友們的深層私領域，很多事也都是不宜在文章中說明細節的事情，所以也給予我很多不同於他人的人生體驗，這些寶貴的經驗充實了我的生命，也讓我感嘆風水學的浩瀚與偉大。

　　你相信嗎？超過四十年的風水人生，常常在看到感動的事情又感慨人生的時候，心中仍然會激動不已！這在我初學的那個年代，也常常會有這種奇異又微妙的感覺，發明家，領航者，他們的生命中其實永遠都有著不同的發現；風水學對我而言也一樣，永遠都有著不同的發現！

　　富貴沒有當然，任何事務的成功或敗壞，事出必有因。幾年前逝世、汽車業形象極為正面的嚴先生，他的遺孀繼承之後，後來竟然傳出財務也出了狀況，這些不該發生的事情卻一再的發生，在某些層面上，風水或許也是其中的問題之一。

　　我的一位企業家朋友，我幫助他建造工廠、建造住家別墅，幾年前又

> 算命只會讓你做出錯誤的判斷。
> Fortune-telling will only lead you to make wrong decisions.

在北部幫他的父親做好了墓園，之後他的母親仙逝，我們也在台灣中部尋覓了一處寶地安葬；我們交誼深厚已超過二十年，他的事業增長擴展得頗為驚人，身邊的朋友們也都知曉這些事情，這幾位朋友也都和我成為常常往來的至交好友。

Alo 是我這位企業家朋友的親戚，我們都是經常在一起的好友，前年我幫 Alo 找到一戶風水吉宅，也期待他入住之後能夠有個正面的發展，但是竟然在入住之後，他的新居後方就有他人興建大樓，恰恰就破壞了這個美好的一流格局，當我來到這裡時，怎麼都搞不懂，為什麼他的運氣會那麼背呢？

後來在一次巧合中，我主動請 Alo 帶我去他的祖父母的墓園看看，相識二十多年來，這是我第一次看他的祖先墓園，那一天我在彰化看了兩個墓園寶塔區，其中有一處是公設的大型園區，很不可思議的發現，這兩處都算是大凶，這讓我極為驚訝！這墓園區中有無數的家庭，他們的祖先都在這個不吉的風水之地安奉，難怪我們社會中災難的家庭會那麼多？

找到原因事情就簡單多了，祖先陵墓的影響在三代中表現得最為明顯，而且反應極為快速，不可不慎！絕大部分的人們都不懂陰宅風水的重要，就算是很多所謂的「風水師」也很難進入狀況，原因是「很難對比」！社會知名人士的朋友住在哪裡，都沒什麼祕密，很容易即可打聽出來，但朋友們的祖先墓園在哪裡？往往就算是深交至友也不太清楚，陰宅風水並不容易探知內容，所以我說「很難對比」。

世界上所有的學問都需要「對比」，我們常常會誤以為「名人富豪」的祖墳風水一定好，持平而論說實話，那可未必！

《關帝寶訓像註》提到「奉祖先」就是「木本水源之意。」這是指後人不忘本，而溯乎先祖之德。《禮記·祭義》云：「君子反古複始，不忘其所由生也，是以致其敬，發其情，竭力從事，以報其親，不敢弗盡也。」君子周而復始定期的祭祀，不忘其所由生的根源，緬懷追思祖先，是發自心中的敬意，也是對親恩的報答。

這也是為何風水上，除了重視陽宅，也如此重視陰宅，也就是先祖父母墓園的原因，陽宅主家道興隆，陰宅卻主子孫昌盛，我們祭祀先祖父母就如同他們依然在世間一樣，希望他們能安住在好的地方，這是源自一片孝道倫理的傳承，自然也能得到先祖的庇佑。

孟母為何要三遷？──好風水絕對贏過千萬金

　　曾董是一位很成功的企業家，白手起家的他自小就從徒弟做起，在眾多的機械領域中，他總是能發明很多便利裝置，滿足他的客戶需求，所以也獲得許多次的國家發明創作獎。

　　他的家頗為寬大，和二婚的太太也可算是甜蜜美滿和樂融融，唯一讓他感到人生缺憾的，是兩個兒子都無法讓他安心接班，我們驅車去看他兒子的家，倒讓他恍然大悟了！

　　《洛書》的紫白有九宮，所以就稱之為「紫白飛星」，九宮分別是一白坎、二黑坤、三碧震、四巽綠、五黃在中不算卦、六乾金、七赤兌、八白艮、九紫離。《洛書》的一白稱為休門、八白為生門、三碧為傷門、四綠為杜門、九紫為景門、二黑為死門、七赤為驚門、六白為開門。以生開休景為吉方，其餘的只有二黑逢生氣之外，都屬於凶方。

　　這就將他兒子的居家風水明明白白的說出來了！

　　住在不對的房子裡，卻要表現得傑出，這是不可能的任務，何況他兒子已經在這裡住有十年了。風水對人是一種潛移默化，住得越久，影響越深，曾董的台北住家風水絕佳，兒子卻是大凶，父子之間的鴻溝當然就越看越不對眼。

　　可以更改嗎？你說呢？

　　現代的住家大都是大樓，光是一個門位就影響深遠，何況是兒子的住

> **神或菩薩是存在的，當你真誠的時候，神就出現。**
> Gods and Bodhisattvas do exist; when you are sincere, they reveal themselves.

家根本就不在富貴線上，這就是兒子對金錢沒概念的關鍵。所以，想要培養下一代的接班人，我常常給朋友的建議是：「給予千萬金，不如給他一個好風水。」

　　八卦的二十四山，有的可以相兼相和，並且呈現出正向，有的卻會相斥，相兼若是吉祥就會產生「速發」的效應，但倘若相兼錯了，那也會加倍敗亡。不可不慎啊！

天助、人助，還得自助——桃花與破敗

　　到國外幫朋友選房子，真是酸甜苦辣盡嘗，挺辛苦的，但找尋好房子是件很重要的事，就是因為它很重要，所以在國外的時候，為了想要盡快完成任務，就會馬不停蹄的想多看幾間房子。

　　在外行人眼中，看房子不就是走走看看，其實完全不是那麼一回事，因為每一戶房子都不能輕忽，門裡門外、主臥次臥、爐灶門衛，樣樣都必須審慎注意各項細節，一間房子能夠買下或者是不吉之宅，必須當機立斷，錯誤不得，這爬上爬下、左思右想，一戶接著一戶，不累也得累了。

　　這樣子連續的看了三天左右的房子，真的要累壞人了。到了第四天，疲倦感加上急劇而生的厭倦感，幾乎就要控制不住了！

　　之前去吉隆坡幫 Rebecca 找尋第二家園，她是我超過十年以上的好朋友，也是忠實的粉絲，可是她的老公郭先生，十幾年來和我卻只有一面之緣，去吉隆坡之前，坦白說，我對郭先生幾乎完全沒有印象了。

　　可是在吉隆坡的那幾天，我和郭先生一見如故，毫無生分之感，他也是一位超級熱心腸的人，談吐自然，也很好相處，做事很有原則、有計畫，而且跟 Rebecca 一樣，對風水學信仰堅定，夫妻倆感情甚篤，五天的相處，沒見到他們倆有一絲絲的意見相左。所以我會說 Rebecca 夫妻倆很有福氣，這一類型的夫妻往往都比較容易富裕。要知道，穩固與和諧之後就是富裕，這是有根據的。

我在上海有一位朋友，是某個集團的老闆，他不會在乎花費一點顧問費，但每一次要為他找尋好風水的房子，都會推給他的老婆去找，自己從來不親自參與，我們為了找尋吉宅，超過一年以上仍然不可得，我當然知道他是在應付我、嗚弄我，態度上很不認真，甚至是根本不重視風水，在自身鬧了婚外情之後，他的房產公司最終不免走向失敗收場。

事後我的檢討是，那位富商朋友在內心上根本就輕視風水，和我見面時，態度便很輕蔑。所以，如果對風水態度不認真，坦言說，「你還是找別的風水師」吧！

朋友們一定要知道，任何事情除了「天助」、「人助」，還得「自助」啊！天下絕對沒有白吃的午餐！如果把重要的大事，一味地想去「依靠人家」或利用他人，老天爺是不會幫助那個人的，尤其要謹記「桃花與破敗往往是好朋友」，事業發生困難之際再遇桃花，必然蠟燭兩頭燒，雪上加霜，怎有餘力振興事業呢？

風水學是神祕又隱含天意的學問，倘若一家夫妻信仰不誠，內心有異，加上自己糊塗外遇，人事不分，則福澤不足，那就不必勉強了。

我常常在幫助朋友找尋房子或興建工程的時候，都會要求當事者要心向自己的信仰，不論是菩薩或是上帝，去禱告，因為在每件事情的背後都是「天知、地知、你知、我知」，存不得僥倖的。

窮變富，病化無
──從建築風水堪輿學到老子哲學

想把風水學解釋清楚，實在不是一件簡單的事，自古以來它就是個存有許多神祕面紗的學問！然而，我們到底要怎麼看懂古人遺留的智慧呢？

我的好友準備建造一棟房子，建築師也是我的好朋友，我們約好了一天大家一起談談，沒想到卻來了一位白目的設計師。

這位設計師有一個新的點子，但我不假思索的當場就否決了此提議，其實我絕對沒有偏見，只是直覺的說出該說的話。

中場，她有點不甘的和建築師說了一句話：「我們以前也有選修堪輿學。」這個玩笑開大了！我知道很多大學的建築系所都會設有中國風水堪輿學，讓學生選修一下，在兩岸三地都是這樣的，但其實這樣的科系課程，明白的說，理論與實際應用還是有差距。能更深入的了解天地風水的大建造，這原是學校的良善用意，但是著重理論而欠缺實務經驗的系所，作用可就有限了，更何況是達到大師等級程度的授課老師。

其實，研究命理學到了某個程度，似乎都會學一點老子的學說，這當然是談到《道德經》，老莊思想在某種意義上，左右著命理學走向，給予人們有著濃厚的「高超」意味，其實老子的《道德經》文辭簡短，短短五千餘字，滿是人生哲理，是中華文化的辯證哲學。

老子說「古之善為士者，微妙玄通，深不可識」，這句話精簡的解釋

> **神就在你的身邊。**
> God is right by your side.

著「玄空」風水學的玄與空。「善」代表著一種完美,是得「道」者的一種境界,自然無為體悟「道」的人士,當然也代表著修行者的高深無為。

這種修行者的人格,就是「微妙玄通,深不可識」。微妙,真的達到細微,微小到「無」的境界,微所以妙,是「無」了才妙。若是將「無」與「有」放在一起,生命才有妙境,不無就不能妙,無、有同在就是玄,把無變成有是玄,把有變成無是玄,所以說道是微妙玄通。

而什麼是由「無」變「有」?就是把窮人變成富人!什麼是把「有」變「無」?就是把劫難病痛化為無形。這才是「微妙玄通」吧!

其實,老天爺對待芸芸眾生並不會有任何的偏袒私心。人在各種慾望念頭還沒有產生的時候,心就像是寂靜的宇宙一樣清淨明澈,一「無」所有,天地之間也是一無所有,一直到人們心中開始有了各種的想法,也創造了現在所有的建築建設,這動念之間「有」了善惡的偏向,福禍吉凶的因果報應也就逐漸天差地別了。然而,我們到底要如何把把窮人變成富人,把劫難病痛化為無形?要真正懂風水,說難也難,因為萬事萬物都在變化,也真不容易,說容易,也是容易,天地萬生,巧妙為乎一心。正如唐朝六祖慧能大師所說:「一切福田,不離方寸。從心而覓,感無不通。」人世間的一切功德福報,其實全都是我們自己的念頭所變化感應而來的。山河改造,摩天大樓,不都是人心去改變的嗎?

虛心與謙卑的態度和成功成正比

那一年，阿包希望我幫他在泰北建宅，所以我特地從曼谷轉機到人生第一次踏上的泰北，察看建宅所要的土地，我們看了許多塊土地，最後決定在一塊土地上興建房屋。

阿包當時住在泰國與緬甸交界的小鎮上，這個住家只能算是一個平平凡凡的透天厝。

我在他預定購買的土地上，很審慎的畫出富貴線，並且一再的叮囑他：「絕對不可以蓋偏差了！」

當然，內部的設計也一五一十的畫了圖給他，才放心的回台灣。

幾年後，我再次來到泰北，下了飛機，阿包遠遠的就看到我了，奮力向我招呼！

我握了他的手說：「阿包，你還認得出我？」

阿包說：「師傅，你在我的心中像神一樣的存在。」

這句話讓我好是感動。

在整個動工興建房屋的過程中，他都親身完全參與不敢怠慢，所以這次到泰北，我拿出羅盤再一次的確認，發現完全是我當初的設計，一點都沒有錯誤，對一個不懂風水學的人來說，這實在是很不容易做到的事情。

長期以來我們都保持著連繫，我想著：為什麼一個外行的人可以做得那麼好呢？

> 世界上最不簡單的事，就是學會了簡單。
> The hardest thing in the world is to master simplicity.

　　其實，飛機降落在泰北皇太后機場，我們剛相見的那一刻，他說的那句話：「師傅，你在我的心中像神一樣的存在。」

　　就是所有的重點所在了！

　　我曾經說過，風水也是一種信仰，你相信多少就會得到多少。如果表現愈現實，也難以避免現世報，這是鐵律。

　　好風水的房子住得愈久，就會愈成功，在台北很多的企業家中，富邦金控或國泰世華及鴻海集團的郭董，還有眾多豪富人家，他們都是在大吉的風水好宅中居住了數十年以上，才能累積那麼巨大的財富，住得愈久發得愈多，這正是我說的「住對房子，富貴一輩子」的真意！

只有勇敢轉變，人生才有新希望

有一句名言是這樣說的：「人無法用相同的自己，得到不同的未來。」這是指，人有心想達到一個生活水平、生命高度，但如果執著於既有的方式、軌道去行事或做決定，終究將一事無成。

去突破、去改變，是解決僵化現狀的最好方針！如果發現自己一直原地踏步，毫無前進的跡象，就該果斷地做出改變，否則就很難翻身了。

有一年，經介紹認識了一位小型加工廠的趙老闆，他請我去看看他的工廠。台灣的小型加工廠非常發達，一百坪上下的小廠房到處都是，這些老闆也都非常勤奮，可以說台灣數十年的經濟發展，小型加工廠功不可沒。驅車一進來這間工廠時，我習慣上都會瞄一下GPS導航系統，一眼就看出它的入口門向有問題！

風水的學理門派有一派是以八八六十四卦的門和六十四卦的主或灶來搭配，看它的相生或相剋來論斷，有經驗的學者，會用這套方法來判定，也非常準確。

停好車後，我請教了新認識的趙老闆。「您在這裡設廠多少年了？」

「喔！超過十年了！」

「實話說，您這個廠那麼久了！但是我認為它不會賺錢！」

我的話很直，像一把刀刃似的，直接「戳」到了他的心頭上。

趙老闆神色看似穩重，但此時想來應該內心頗為激動，這個工廠從東

面入廠，入廠房的方向在八運裡所呈現的必定艱困，因為和大運令星相剋了！它不是不賺錢，只是每有進財必定有所損，就算今年很賺錢，明年就會有筆較大的支出，十年來感覺上就是難以積存。

風水上，其實並不能只是看看廠房而已，往往廠房不對的同時，住家方面也往往會同時出狀況，所以一個人在運氣不好時，總會有屋漏偏逢連夜雨的遺憾。倘若設立工廠，做上三年五載卻都不賺錢，這十足就是風水出了問題，但大部分的人都不知道問題就出在工廠的風水上。

趙老闆的工廠限於場地太小的緣故，根本就難以移動，所以我建議它另尋他處移廠。只是，想要搬遷他處，不論是租廠或買地，花費自然不小，但如果不離開這裡，就算是再拚個十年，也只是幫房東打工罷了！過去的十年已經存不了錢，本身就應該要有所覺悟，才會有光明的明天，否則再花十年時光，結果還是一樣，那就不得了了。然而，有些人即使明白問題所在，仍囿於種種外在因素，而有畏懼，而有妥協，不敢貿然向前，做出改變。要明白，風水有問題的地方，就像有某種神祕的力量拖累著你，讓人無法動彈，最終走向失敗的命運。

第三章

好風水從懂得做人開始

你的富貴耐久嗎？

　　風水學絕對是古中國遺留給子孫最有價值的學問，從商湯周易先聖先賢所傳予的易學中，也只有風水學足以影響個人命運的走向。

　　學問要漸進式向上走，或許剛開始的時候可能沒什麼感覺，就像投資行為一樣，必須經過一段時間之後，漸漸地才會看到成果。只是，剛剛開始的那段日子是最掙扎的，因為自己很難知曉是對還是錯？

　　所以，如果有投機思想，就很難再堅持地走下去，也因為如此，很多人「富貴不耐久」，所以我才會說「風水考驗著人性」。

　　「風水考驗著人性」其實是有感而發的一句話，人性中都有著「利用」的劣根性，我從事風水學三十年來，也看盡了許多人的品相，所以真正能夠得到福澤的人，只能是少數有福氣的人。

　　在二〇二三年「富比世台灣富豪榜」中頂新集團魏家名列第二，暫且不論頂新集團的功過得失。其實，筆者在多年前，頂新集團面臨交加風雨時，便和好友一起去彰化縣永靖看過頂新的老厝祖宅，當時就斷言「頂新集團還要再富四十年」！

　　祖墳、祖厝影響我們極為深遠，在古代，風水名師幾乎只看祖墳，就可以論斷哪房旺、哪房衰。這裡要舉兩個例子！

　　我一位交往二十年、在建築界的好朋友，他的祖父生前一直有個心願，便是希望能夠建置一座祖墳，可是在現行的法律上，這不是件容易達

> 讓他頭破血流吧！他才會知道，不聽老人言、禍害在眼前！
> Let him fall and bleed! Only then will he understand that ignoring the wisdom of the elders brings disaster to his doorstep!

成的事情，所以直到老爺爺、老奶奶過世以後，我們仍然找不到一個可以做祖墳的地方。

有一天，有某個寶地釋放出一塊大約二百坪的土地，地主想要分割成三等份出售予三房人，價錢也還可以不算貴，我們連袂去看了這塊土地。

我對著好友說：「二百坪都一起買下來吧！」

這可是要有點大器才行，對一般人來說，大概都是買三分之一約六十六坪吧。但做大事不拘小節，成大器者，行也大氣。構築一個祖墳小裡小氣，家族如何能成大器呢？當然，這位朋友行為上也格局夠大！

最近我在中部地區的一位好朋友，我們深厚情誼也快二十年了，好友的父親逝世已超過二十年，安葬在龍潭的一個家族墓園裡，但這個墓園堂局平平。他事母至孝，事業也有成，但是幾年前，他的母親也病故了。我就是在當時和他一起去尋找寶地的時候，路過永靖的頂新集團魏家，當時魏家油品事件正被哄炒為頭條新聞。

之後，我們很幸運地找到了一塊福地，做為安葬之用，這幾年來我這位朋友在事業上更勝當年，再上一層樓了！

後來我在中部地區看到了一塊風水極佳的寶地，就建議他買下來，希望他未來能夠將父親及母親一起移到這裡來安奉，最後我們很順利的做好了這件事。

這兩個故事講究的都是我與朋友之間的情誼，你重視我，我也珍惜你！完全是信賴關係，沒有一絲絲的利用心理，我們能夠相識、相惜、相助二十年，所以，做人處事一定要講情講義，才會得到大福澤。這也可以成為一段風水學值得口耳相傳的佳話。

這些雖然是我在看風水上的小故事，但從這些經驗中，都在告訴我們一個人想得到大福氣，做人就講情義，做事就要大氣格局。

《周易‧坤卦》云：「君子以厚德載物。」厚道之人，就能積累人緣、積聚人氣，人氣就是財氣，有人就有財。有情有義，為人厚德是財富最大的底氣，這樣你的富貴才得耐久。

強大企業最重要的關鍵——態度

　　玄空風水的玄妙，就是對事業、對財運、學業、對健康、病痛上都有著絕對玄妙的特質。

　　尤其是對事業的擴張，或是對公司重要幹部所坐的位置，都有著絕對的重要性。在幫企業客戶安排的時候，我有一套屬於自己的成功模式，這一套成功的模式，我已經用了將近三十年，所以跟隨我的公司，成長的倍數都非常驚人！

　　目前台灣最大的道路工程公司昱盛營造公司，當年總部的設置就是我選的地點，那一年我和老大一起看了好幾塊地，為了要幫公司選一家很棒的地點，我們花了兩年的時間，才找到這塊地。

　　有一次很不巧的，我們看到一塊感覺不錯的地之後的第二天，我們又回到原來的地方，才發現竹林的後面有一個很大的池塘，這在風水的水局上是不及格的，老大二話不說，當場決定選過別的地方。

　　我稱為「老大」的這一位，就是昱盛營造的創辦人徐步盛董事長，老大做人非常海派，廣結善緣，且私底下為善都不欲人知，遇上員工困難時，他若知道，一定立刻就出手幫忙，所以每位員工對他都非常尊敬。

　　公司總部有一個喝茶間，每天早上賓客總是川流不息，中午時，他也會帶著大家一起去吃飯，慷慨大方，毫不手軟，所以我們這群人都稱徐董事長為老大。

> 謹慎思考不一定對，只是錯的機率比較小。
> Cautious thinking isn't always correct, but it reduces the chances of being wrong.

可見一家成功的企業，就是要看上位者對員工的態度，來決定企業的高度。

我在老大的身上學到的許多為人處事之道，一家企業能夠如此成功，一定是上下一心，員工對公司絕對的忠誠，高層對員工部屬也非常關心，這樣才能夠得人心，否則所做所圖的就是私心。如果當老闆的人，為人大器，圓潤大方，那你公司的成長速度必然會變得很快。

我們當然是認為「住對房子，富貴一輩子」，但是這個也跟為人處世是有相關的，如果對待員工刻薄，那員工對公司的向心力一定不足，而公司的成長，即使風水都是第一流，卻跟老闆的做人態度有著絕對關係。

所以朋友們，一定要學會做人大方不要太小氣，這個是風水裡面很重要的一個關鍵，這也是我做人的原則。所以相對的，身邊周遭朋友遇到困難，我也會馬上伸手幫助，不論是錢財、醫藥的問題，我都會盡全力去幫人家處理，只要是我做得到的，我都勇敢的去做，毫無畏懼。

風水不對又不孝，當然富不過三代

我常說風水學最重孝道，這是人生在世的經驗談，也是我常常說的「風水的智慧」。幾年前看過一則報載新聞，日本的「大塚家具」發生創辦人的女兒大塚久美子於二〇〇九年接任社長後，因理念不合，在二〇一五年的股東會上與父親嚴重對立，竟然跟父親絕裂，並趕走身為創辦人的父親，最後女兒贏得經營權，父親則帶著一幫老臣另起爐灶。

大塚久美子大刀闊斧改革公司組織，行銷策略也完全走不同路線，一年半後業績一落千丈，二〇一六年營業額下跌近百分之二十，年度虧損更是超過四十億日圓，是公司成立至今最嚴重的虧損，公司股價更是重挫下跌超過三成。

大塚勝久被趕下台後，在琦玉縣另起爐灶，新公司風光數月後，亦因形象受損導致業績黯淡，結果雙方都成了輸家（新公司風水必然不對）。

很多富人發富之後，總會想買個更大、更漂亮的房子，卻很容易買錯房子，我常常跟朋友們嚴肅地說：「好風水的房子實際上並不多，風水有問題的房子，會錯亂主人的神經，更會讓人自以為是，難免六親不認、是非不分，鬧出『大義滅親』的戲碼。」

住錯房子，決斷自然會發生錯誤，經營管理必有問題，可是當事人並不會發覺自己出了問題，這是「一朝得志，語無倫次」的現象，出現虧損不意外，往後的倒閉、甚至負債，也將不遠了。

這整件事情的重點是「不孝忘祖」，我們不是常常說「人在做，天在看」嗎？這就是了。

　　數十年來，我身邊有很多走得較近的好朋友，他們對父母都極為孝順，事業也發展得極為順利，這好像變成是「發富的必要條件」了！

　　之前在新北市板橋區幫一位很成功的朋友陳老闆看宅，我和他雖然相識不滿一年，卻可以感受到他們一家人相處融洽，我一提及「風水最重孝道」的事，陳太太立即接口說了一段往事：數年前，陳董的父親高齡仙逝，從冰櫃請出入殮的時候，陳董看著父親極度不捨，忍不住放聲大哭，陳夫人說他們夫妻多年，他從來不曾看他哭過。

　　聽了這一段讓我動容，感慨也深啊！

　　一九七六年，我的母親突然重病，當時我還在服役當兵，一毛錢都沒有，所有的醫藥費都是由長我十二歲的大哥支付，往後的結果是，大哥一路發達致富，我卻早年窮困，其中必然也有孝道的因果吧！

講究禮義廉恥，會帶來好運的！

在風水學上，我始終堅持正統易學易理，而且風水師更應誠實正直，絕對不可以為了利益而胡言亂語，誤導善良民眾，更是不能相信擺放水晶球可以改運避煞的謬論。

從遠古時代以來，「圖騰崇拜」在世界上的每個角落都可以找尋到軌跡，從中美洲的馬雅文化、古老中國、埃及金字塔、古羅馬等，都可以看到人與自然的關係是密切的。古人也認為大自然與人都是有靈魂的，所以就對很多無法解釋的「圖騰」充滿著恭敬與崇拜，而八卦深處代表的圖騰，是我們日常生活中最常見的符號，也充滿著神祕的面紗，這也是遠在五千年前伏羲仰望天象、俯視大自然後，遺留給子孫最重要的禮物，八卦對內行人來說，它是一種神祕的訊號，它對於風水學家也是重要的依據。

我常常說風水學源自《易經》，也是儒家學說，孔子就是其中最具代表的人物，所以我說風水學最講究孝道，當然也就不能不談到四維「禮義廉恥」了！

禮、義，是治人之大法；廉、恥乃立人之大節。不廉則無所不取，不恥則無所不為。人之不廉必悖逆禮法，甚至毫無義氣，小氣而吝嗇。

很多人沒想到，我幫他人看風水也講究「禮義廉恥」吧！當我和一位朋友相識之後，或幫助朋友策劃他的人生格局，我都會用一段時間觀察他的言行與品格。

> **因為走錯路，我們才會走對路。**
> It is by taking the wrong path that we find the right one.

我常常說風水學是一項工程，就是說它包含的層面非常廣，時間也非常長久，舉凡陽宅住家、公司樓房、第二第三的公司廠房，或祖先墓園的選擇安排等等，都是屬於風水學的範圍，更何況風水還會輪流轉，這不僅關乎家人的生老病死，流年大運更有著它的變化，可以說人生一世有老師指導是幸福的。

之前我去中部看了一座三合院的老宅，這個老宅的來龍理氣都是大凶，所以此宅難出狀元郎，在過去的數十年間，這個家也產生了很多遺憾與不祥。年輕朋友的母親在年老的時候竟然仰藥輕生，聽聞之後讓我心中頗為心酸，深感震驚！

其實，我一到老宅外面，就跟邀請我去的年輕朋友一五一十的詳細說明。這位朋友我倒是很看好他的未來，這或許就是家運翻轉的開始了，否則我們不會有見面的機會，而這都起源於他的積極態度，任何事情都必須知道前因後果，來日方長才會甜美，而且堅定自己的信念並轉變生活空間，才可以扭轉乾坤邁向坦途。

隨著年齡經驗的增長，我感覺功力仍在進步，這也應證「活到老、學到老」的古諺，這種的感覺很奇妙，不論去到那裡，都能夠很快的看出狀況。風水師必須有自己的品格，不能夠只把「利」字擺中間，否則對於為非作歹之徒，是不是也要幫他驅吉避凶、大發利市呢？

愈是成熟的稻穗，愈是低垂！

二〇一八年九月初，自稱是白宮高官的匿名投書人，在《紐約時報》發表了一篇教人震撼的白宮決策內幕，使得當時的總統川普大為光火，也掀起一股美國的猜謎遊戲，這個話題讓人感覺熱鬧非凡，精彩不已！

大人物的身邊總難免有唯唯是諾的人物，包含我們或世界各國的任何圈子裡，都不乏嘴甜又令人心喜的人物，這在政商圈內都稱為「政商名流」。我們平常待人能多說些柔順的好話，好人緣，他人也讚嘆你「挺會做人」，自然左右逢源，攀龍附鳳，功成名就！然而，能說真話的，又有多少人呢？

其實，在這種人際關係之中，最可憐的應該就是「總統大人」了！我說的總統大人，自然是指所有「有權勢的人物」，他們權力愈大，那麼身邊愈親密的人其實愈不敢說實話，很多人都會看主子臉色做事，否則很容易就變成「前白宮官員」，被 fire 掉！

以下，讓我也說個小故事吧！

劉董是一位極有眼光又成功的企業家，多年來我幫他打理所有的風水格局，包括公司、工廠、住家、別墅等等，有的時候也會幫他看看命盤流年。他的「政商關係」非常好，也非常懂得做人，處事圓潤、低調，出手大方，所以他認識的「官先生」往往在重要的時刻，都會給予他關鍵上的提點暗助。

幾年前，劉董請我幫一位官先生看個房子，一戶前後院寬大、景觀漂亮的別墅，從後院看出去山水秀美，有一份寧靜舒適的感覺，只是從八運的風水學來看卻是大凶，官先生和我只是初識，所以話語也不多，我這是受人之託，所以我也只能客套的說：「真漂亮！」

　　上車之後，我私下跟劉董說這套房子大凶，切切不可買下。

　　劉董並不懂風水，只是與我有緣並且非常信任我，其實他也不知輕重，在之後的兩年間，官先生仍邀約我看了兩次那個房子，我不方便拒絕，也只能以現有狀況幫他設計，交淺實在不敢言深，甚至連飯都不曾吃過一次。

　　除非熟識對方能謙卑廣納諫言，否則我真是不敢實話實說，其實我知道就算是明白的跟官先生說明，素未平生，人家也不會相信你，沒人會重視你的。

　　之後，官先生住進這個豪宅了！接著就一直生病至今，而且有愈來愈重的現象，劉董這才知道風水格局竟然表現得那麼迅速，令他甚為驚訝。

　　他請我再次的指導幫助官先生，這實在讓我很為難！其實，四十年來我看過太多喜歡利用人，很多位高權重的人更是只相信權勢，哪會重視高人！在不被尊重的場合，話還是少說兩句吧！

富貴不淫——花心與貪婪

　　紫微斗數是一種很準的算命術，這個算命術發源於唐宋時期的十八飛星，隨著社會不斷的進步與複雜，十八飛星已經不夠使用，所以在明清時期，又加入了長生十二神等等的星星，成為一個易學難精的命理學。

　　「紫微斗數」四個字很有深意，讓我為古代前輩們的智慧大為喝采！所有的命理學都被各朝各代的大師們輾轉的隱藏，但是也在天意之下，代代都有高人將命理學的神祕一一解釋出來。

　　紫微斗數的「紫」意謂著九紫離，它有意涵最高、最頂級的意思；「微」是指細微末小的事務；「斗」是指每位學者或學習者，有大斗、小斗之分，也就是說，每個人都是半桶水，只是大斗、小斗之分罷了。這可以看出老前輩們的謙虛與直白；「數」也有人稱「術」，我們不必去考證哪個字才是正確的，這個辨證的答案是「都可以、都算是」，「數」的意思是算得出來的意思。

　　我學習這個算命術已經四十多年了，現在除了極少數的朋友外，我已經不再幫任何人看命盤了，沒什麼理由，只是「窮算命、富風水」是個極為準確的定律，我想要富裕遠離貧窮，所以不會逾越這個定律去幫他人算紫微。

　　很多人很愛算命，甚至也有人到處算命，今天找李大師看看，一陣子之後又找劉老師算算，這類型的朋友算是最糟糕的一群人，自己永遠在當

裁判，為老師們的話語去做解釋，也就是說「大斗」、「小斗」都變成自己去解釋。

風水學也一樣，找兩個老師看風水的人，往往都不會有好結果，這是個很奇妙的現象，我常常認為命理學在某種意義上有著天意，這也似乎對人類的貪婪與花心有著隱形的處罰意涵。

我有一位長得非常漂亮的女性朋友，說她是超級美女絕不為過，即使年齡已近四十歲了！追求者總是不乏富裕人家，最近她有意去歐洲旅行，竟然有三位男性友人搶著為她支付旅費。二十幾歲的時候，她被一位少東追求而為他離婚，同居之後少東垮了，之後又被另外一位豪富猛追成功，但是最近這位豪富也落難了！玫瑰多刺古有明訓，傾城傾國之後常伴隨著傾家蕩產。

天梁星化祿，或是和祿存星在財帛宮，都主一生有意外偏財的機運，但是偏財不是正財，而且天梁星在財帛宮，必主有一段時間會發生經濟上的嚴重困難，這就是天機星及太陰星坐命同行的現象。

男命天機必好高騖遠，女命若見天機化為權科會照，則擅長揣摩利用異性心意，必然為利而喜歡玩弄感情，若是同源的天同星化忌，則一生中冤親債主必多，縱使有五段愛情姻緣，也未必能止住，婚姻必定不幸，這或許就是紅顏薄命吧！

上天非常公平，有偏財的人未必有正財，若選擇對象時，含有金錢支助的不當成分，日後必兩淚洗面還成空，原因其實沒什麼，就像農夫守株待兔，以致荒廢農田的道理是一樣的，若永遠盼望能夠得到異性的錢財，那內心深處便已經腐敗了！

> 想要成功，先去認識自己問題的根源。
> If you want success, first identify the root cause of your own problems.

　　找兩個老師算命或看風水、一個事業未成又做另外一個不同的事業、男女感情老是勾三搭四玩情弄義，看起來似乎是無關的話題，其實都是「無眼耳鼻舌聲意」、「無色聲香味觸法」的意思，都是相關聯的。

　　所以桃花飛到，擁有三妻四妾時，別太開心喔！

孝悌傳家才會有福氣的人生

老孫常常在山谷的坡頂上辛勤的工作,某一日看到山角的一處矮樹叢裡,有一隻翅膀受傷的白鶴和牠的伴侶在巢穴裡不安的移動著。老孫平日農閒之餘,就特別喜愛研究各種小鳥,看著巢穴受傷的鶴鳥,他就看出這白鶴的羽翼折傷了。

小心翼翼的將鳥兒安置妥善,老孫便乘著太陽的餘暉下山去。之後的幾天裡一有空暇,老孫也會好心的幫忙餵食尚未痊癒的雌鳥,直到牠們恢復正常為止,之後他也忘記這件事情了。

數年之後的某一天,老孫汗流浹背的在大樹下休息,恰巧遇上一對夫婦也來爬山,這天天氣炎熱,這對夫妻望著老孫,請老孫給碗水喝,但老孫水袋裡的水實在是不多了,若是給了他人,自己下午就沒水喝了。望著這對夫妻的渴盼,老孫人慈心善,完全沒思考就將水袋送給了這對夫妻,滿心得到解渴的夫妻和老孫就聊了起來。

臨別之時,夫妻倆請老孫可以將祖墳移到山谷東面的山坡上,也一再的交代老孫,日後一定要在山角的那片平地上建造住家;老孫還沒回過神來,夫妻倆就要下山了,等老孫收拾好東西抬起頭來,只見到一對白鶴乘風飛翔而去。

據說老孫就是東漢末年三國時期擁據江東成為霸主的孫堅的祖父孫鍾,而其曾孫孫策、孫權等也秉持祖訓,待人以誠、知人善用,孫策娶妻

大喬，並重用年輕的周瑜為大督都，周瑜也娶妻小喬，傳為江東一時之佳話。孫家向來遵循祖訓「待人以誠福自來」，所以各方英雄豪傑湧現江東，成就了東吳的霸業。

孫家感念白鶴仙人的指示，所以命其左右大將均以白袍著裝以示懷念，之後再由周瑜及諸葛亮等人演出三國時期最著名的「赤壁之戰」，大敗曹操百萬雄獅，歷朝歷代江東人士也均以豪爽知性、待人誠懇聞名。所以我常常暗示朋友，為人要大氣，尤其是風水學，更是以忠孝誠信為重，才會「孝子富人多」！

近日我的一位朋友小江，他的父親剛剛逝世而來請我幫忙，兄弟姊妹為治喪之事討論著費用問題，眾兄弟面面相覷，小江卻是一肩挑起所有費用，三年前我幫他看過住家之後，他的薪資便有了三倍數的成長，也因為常常看我的文章，加上他也是一位很有信仰的人士，一筆喪葬費其實也不算是小數字，小江卻毫不在意地願意付出。

能夠為長輩付出一些心力，這是有福澤的起源，必定可以得到後福，就算沒賺到錢，也賺到心安，這是最有福氣的表現。

我的母親在我二十三歲仍在當兵時因病臥床，並因傷及腦部而變成植物人，母親去世後，長我十二歲的大哥擔負起所有的喪病費用，在之後的二十年裡，大哥一直愈來愈富，侄兒侄女們也都成就非凡，這是大哥的大氣所帶來的福分。

當年二十五歲的我，剛剛退伍無財無力，也無能為力，乃至無福，以致之後的二十年仍貧窮不堪，所幸自己勤奮好學，有了獨門絕學，又受眾多粉絲喜愛，才能貢獻自己的一生所學。

> **兒女最重要的作用是分配遺產。**
> The primary role of children is to distribute the inheritance.

所以，我每每勸告世人「待人以誠福自來」。

有些事無需計較，時間會證明一切，有些人無需在意，道不同不相為謀；風水學可以帶給人們無限的想像，而氣度大小影響了人們的想像。

> 常言道：樹欲靜而風不止，子欲養而親不待。《關帝寶訓像註》：「父母俱亡，而劬勞之恩，徒存諸夢想，罔極之思，僅形諸寤歎，又孝子終身抱恨而莫解者也。」切莫讓自己對父母的孝敬來的太遲，父母遠比我們想像中老得快，孝養須及時，那怕只是一句親切的問候與陪伴，都是溫馨的孝心。

能改變人生的因果與慈悲

佛家非常的重視「因」、「果」之說，社會上較為有深度、有見識的人士，一般也都相信因果關係，更相信因果報應，這個關係與報應也會交互在我們的一生中不斷循環。

我在文章中常常提到「會影響到人生」的五個因素：一墳、二宅、三慈悲、四信仰、五命運。這五種因素中的「慈悲」，其實也是「因果」關係的另外一種面相。

慈悲是一種人生態度，是一種待人對事的高超領悟，是我們生命價值的走向；慈悲是因果關係中最潛在的好「因」所在，要有好「果」必然先要有慈悲不可。

我們對著山谷，高聲喊一聲「我愛你」，山谷也會回應著你「我愛你」。反之若是喊一聲「我恨你」，山谷也會毫不猶豫的回應著「我恨你」，這是最簡單的「因果」關係。

慈悲是一種人生態度，它是「好因」或「壞因」最重要的因子。有一位名模為一位「富豪」六年生四子，並且不時的上媒體炫富，常常為人們帶來一些「茶愉飯嘔」的新聞，但好景總是匆匆，這個「果」最終還是讓人嘆息不已。

「待人以誠福自來」也是我常常說的一句話。我的一位至交，他的老婆沉迷股票投機，又因為深信不當的業內「歹徒」，在某一檔的投機行情

中賠了一千多萬，友人在無奈之中只好替她還債，或許她心中入了魔，感覺金錢來得太輕鬆，又再次地被「歹徒」相中，這是第二次的「狼來了」，結果……都是那個「因」，害了自己。

慈悲並不是傻瓜，而是為人著想不多計較，慈悲是以他人的態度來審視自己的面對態度，慈悲是一種正面應對廣義的相對論，也是成功者行為處事的大方向、大原則，它沒有一絲絲的苟且空間，對某一些具有投機考量的人們，是很重要的「退路」，是前佛後魔的轉折點。

我們每個人天天都在追求著成功，我之所以會提出「影響命運的五個因素」，當然是很有感觸的發心，希望大家都能夠做好「因」的工程，才能釋放「果」的美好。

巧詐不如拙誠——買賣房子不能只靠運氣

　　任何人的成功，似乎都決定在「態度」上，你很認真！老天爺就幫你認真，你若只有「想」的念頭，態度卻是不夠積極、不夠誠懇，上天也會讓它拖拖延延，耗費自己的時間。舉幾個例子，住在桃園的許小姐，一直都希望買到一個在富貴線上的房子，之前我就帶領著她尋尋覓覓了一陣子，也指定了某幾個大樓，讓她更縮小了範圍，請她找仲介幫忙，多注意某幾戶的房子，可是她一陣子很熱衷，一陣子又忙碌著私事，始終就找不到那些個樓房的房子，於是事情就拖延著，一直毫無音訊。

　　張先生也請我幫忙找尋吉宅，我也指定同樣的地段、大樓，請他找仲介幫忙注意。張先生在態度上就極為積極，三天兩頭往這些大樓奔波，也真誠的去拜菩薩，請神明保佑，竟然在一個半月的時間裡出現了奇蹟，讓他找到了待售的房子，而且就是我指定在「富貴線」上的房子。

　　先前幫助好友規劃一處新建案，我的第一個要求就是必須要建築在我指定的「富貴線」上，其他的床位等等也儘可能規劃在吉方上，希望能夠做到盡善盡美，這是個重要的挑戰，也是個風水大師的良心。

　　我常常感覺在人生中，單純一點會比較有成就，這個單純並不是傻瓜，而是對自己有利的事情認真地做，不要存著利用的心裡，也不要仗著一點小聰明自以為是，遇到正確的事勇往直前，不可以做的事情也要如履薄冰，那麼成功就離你不遠了！

偷雞不著蝕把米──投機取巧只會誤人又誤己

　　有時候個性會決定命運的走向。投機性格的人總是認為自己是最聰明的，然而，現實利益常蒙蔽了人們的理智判斷，如果一心圖謀非份之財，甚至還眷戀不捨，最終受到傷害的恐怕就是自己。

　　記得多年前有一位上海的朋友「小林」，他知道我名聲，曾請我幫他看看朱家角大別墅的風水，不過這位友人有個缺點，他總是喜歡占別人的便宜，說好了三萬的費用，就是會偷偷的少給你一半，這種投機取巧的心態可是犯了我的忌諱，而且做人斤斤計較，是不容易積福德的。

　　後來，我去觀看他的別墅，他的新房舍正在大興土木裝潢，房價當時大約是一千三百萬人民幣，我一來到現場，直覺整個氣場氛圍不好，凶多吉少，再看那間房子，是反著方向建造，風水逆轉就是「不吉之象」。

　　於是我直言不諱的告訴他：「這個房子大凶，你最好不要住進來！」

　　他和身邊的幾位朋友們面面相覷，便問我：「把風水改好一點，難道不能住下來嗎？」

　　顯然他很捨不得，但是風水逆轉的房子是絕對不可以居住的，就如同一個人原本該是順著正向去做事的，卻逆著方向做，那不出事才怪。

　　以我的性格，向來直話直說，沒半點假話阿諛，便坦白的說：「這絕對不可能改得了，你就不要執著眼前的財富了。」

　　當時我苦心勸告，但他仍半信半疑，捨不得放手，之後又再去找其他

> 不應該對兒女期待太多，或是對自己以外的人有太多的期待。
> One should not have too many expectations of their children, or too many expectations of anyone else besides themselves.

風水師來證明我是錯的，倘若他找錯人看錯事，判斷錯誤，結局實在是不堪設想！裝潢完成之後，他仍然搬進去住了，果然，之後下場悽涼。

由於上海的拆遷補償很優渥，他和部分的「特殊關係人」在那時候就有了圖利的非分之想，便以巧取的手段，利用當地所謂「拆遷補償政策」等名目，獲取非常多的補償金額。在不當獲利後，才買了這戶別墅。

很不幸的，最終被當地政府調查舉發，東窗事發後，他逃到外地隱姓埋名了兩年。之後，看這個案子似乎並沒有任何的傳票，於是疫情前（約在二〇一九年），他又大搖大擺地回到上海，住進了那棟大別墅裡，過著舒適的生活，並沒有把我當時的告誡記在心上。

而當我又再次回到上海時，他的朋友向我透露「他因為此案而被判了十年徒刑」，這事讓我頗為震驚。

只能祈禱上天保佑自己嗎？

　　世間無常變化，難道風水也是無常變化？

　　一位讀者看了我的文章之後，很訝異的說：「沒想到風水竟然也會隨著時間而變化！」

　　其實，我自己愈是深入進入玄空學，對這種感觸就愈強烈，這似乎是上天對人類的警示，表現得愈是現實，冥冥中報應就愈強烈。

　　古代的帝王，身邊的高人必然眾多，但是為什麼王朝無法延續呢？

　　其實就是帝王旁邊有太多大臣，而帝王只選擇自己最喜歡的臣子寵信，卻不一定是最高明的臣子；高明的大臣明哲保身，往往欲言又止不敢說實話，於是無形中，王朝便一代不如一代，最終而覆滅。

　　這似乎也在告訴我們，做人做事違逆正道，禍害便將不遠了！

　　孔子是儒家的代表人物，是四大儒家之首，被稱為「至聖先師」，可見其受推崇之高度，他生前禮讚「詩、書、禮、樂、易、春秋」，其中的易就是易經、易學，包括風水學在內的五術，都屬於「周易」的一部分，所以古代的士大夫幾乎都要懂一點易學，才足以入士。

　　我們都看過台北最貴的豪宅，不好賣是必然的，就算賣出去，可能也是富豪的招待所，用來炫耀罷了！因為它違反了「中庸之道」，台中也有這樣的建築，在其內的人物，恐怕很少正派人物，偏執癲狂的行業應該也大有人在。

孔子也說:「君子中庸,小人反中庸。」中庸之道就是「不偏不倚,無過不及」,這也是修養的最高境界。

我常常說風水學就是「中庸之道」,其實就是告訴人們,建築物住家,不要長得奇形怪狀,四方型或長房型的最好,倘若奇形怪狀,就變成缺卦,對家庭成員必然有損。

我去台北幫一位太太看房子,在樓下我就跟她說,這棟大樓最不好的房子應該就是這棟大樓右前方的那一戶。住在這裡會離婚,也會患癌症,說來還真巧,她正是買到這一戶,我告訴她「住在這個主臥房,很容易患癌症」,而且住在這裡很愛去算命,說來也真巧,她曾經算過二次命,算命先生也說她會患癌症。

我還真擔心她不會搬走,其實風水學正是更改命運最好的方法,只要離開這裡找個好風水住家,是可以遠離重病的。只是她的這戶房子才剛剛裝潢好,應該會捨不得離開這裡,唉……只好祈禱上天保佑了!

《論語・顏淵》中我們常常朗朗上口一句話「己所不欲,勿施於人」,卻往往忘了下面的那句話「在邦無怨,在家無怨」,而這才是這段文字最重要的重點,如果一個人身居高位卻在邦無怨,大擇在國家,小擇在公司「在邦無怨」,豈有仇怨之人呢?若「在家無怨」,謹守夫妻之道,行之以禮,那不就家和萬事興了嗎?

提早給兒女財產，可以讓他去賭博、喝酒、泡妞。祝你幸福！
Giving your children wealth early might only lead them to gambling, drinking, or womanizing. Best of luck to you!

為何說風水也會隨著時間一直變化？

這就是宇宙奧妙，天地之理。風水就是大自然的一部分，如果人心變化無常，破壞環境，風水自然也隨之變化。再者，天、地、人彼此互相影響，風水影響人，人心也會改變風水。

所以為何說風水學就是「中庸之道」，因為做人處事也是要中庸「不偏不倚，無過不及」，然後就是要少抱怨，「在邦無怨，在家無怨」，心柔和，一切風風雨雨也就平順了。

太上曰：「禍福無門，惟人自召。」一切的禍福，本來就沒有一定的門路，全都是自己招來的！想要安天地的風水，也要先把我們內心的風水安好！

人類最根本的問題——信任

　　我們這一生最重要的事,似乎就是要好好的活著,健康快樂地活著,最好是出人頭地,人前人後挺著身子光耀門楣。但是,人性中總是充滿了猜疑與信任問題,所以在許多癥結點上,就會在無形中滿佈荊棘,阻礙了前途,所以重視友誼、珍惜朋友就變成你我這一生最重要的事情。

　　兄弟姊妹是我們無可避免的選擇,當然也是很重要的親人,但在風水大師的眼中,兄弟姊妹的無情或是輕易就拋棄好朋友的作為,往往是在天運轉變的時候,很可能也是世代交替的時刻。時運已經開始要轉入九運,所以許多長者或是無法進入九運的人們,就會在這幾年中離開這個世界,當然也有部分的人是擁著淚水相互道別,成為絕交的那群無緣人。

　　然而,生離總是比死別來得好,緣斷總比緣盡來得好,只要朋友仍然活著,那我們就給予他滿滿的祝福吧!

　　古人常說「生離死別讓人情何以堪」,似乎也是上天賜給我們的安排,楚留香說的那句名言「不必相送」,隱隱間即透著濃濃的無奈!

　　當初有一位年輕的朋友邀我幫他選買一戶好風水的房子,那個時候他現金大約有七百萬。我們找了四個多月,終於找到一戶一流的好風水,而且是個旺山旺向極佳的風水好宅,但是總價要一千七百萬,他當下猶豫不定,不敢下手,並跟我說:「若是連裝潢,我擔心負擔太重……」

　　我聽了之後當場愣在原地,不知該如何跟他說。當時市場利率很低,

加上他的收入還算不錯，應該很輕鬆就可以買到手上的好風水，但他竟然輕易就放棄了！

過了三年，我又帶著另外一位朋友找房子，發現這棟房子仍然沒有賣出，便立即請這位朋友買入，其實這位朋友只有現金三百萬左右而已，但他卻毫不猶豫的買了下來，我可以想像，當時的他壓力應該非常大。

所有的問題其實都在一個「信任」之上，前者無福沒膽，後者卻把「前途」都交給了我，信心賽過黃澄金，這一來一往之間，當年只有三百萬，卻買了房子的易先生，財產早已億來億去，而前者至今仍然一早在菜市場上叫賣至今。

這疑心病真是要人命，古人說「富貴在天，不能勉強」，喔，對不起！那是凡人說的話，大師不是這麼說的，高明的人絕對可以轉貧為富，問題在於──

你能相信他多少？

你能克服自己的疑心病嗎？

你自己「是一個重情重義的人」嗎？

歌手刀郎在二〇二三年發表了一首膾炙人口的作品「羅剎海市」，這首歌的最後便有最妙的一句名言──

那馬戶又鳥，是我們人類根本的問題。

第四章

風水如何度量
你的人生經緯

能辯證吉凶，才可能改變命運

　　多年前，某位香港知名度很高的懸疑小說作家，在一篇文中提到：「命運是不可以更改的，如果命運可以更改，算命就算不準了！」由於當時我正處在不太如意的狀態，就把這句話奉為圭臬，把窮當作是應該的，成為當年自我的意識標準。然而，命運真的無法改變嗎？

　　不過，日後我慢慢改變了看法，隨著對中醫藥學、命理學及風水學的深入，發現它們都離不開五行八卦，更包括在易學之中。

　　紫微斗數有南北派之分，南派紫微兼學中醫，以孫思邈為祖師爺，孫思邈在隋唐時代人稱「藥王」，當年公認是個神醫，這讓我存疑他應該也懂紫微斗數，宋朝之前紫微斗數還沒有成型，還是紫微的前身「十八飛星」的時代，隨著時代的進步到了五代，十八飛星進化加入了一些星星，才有了今天的紫微斗數。

　　北派的紫微斗數兼學風水，以陳搏為祖師爺。可以證明的是，不論是中醫藥學或命理學或是風水學，都離不開五行八卦，更包括在易經易學之內了。

　　當一位醫師能開立正確藥方，便能改變人的體質，曾有位中醫藥大學的劉姓教授，讚美某位很有名氣的中醫名宿說：「每次病房會診，群賢齊聚，高手如雲，他總是能辯證準確，立方遣藥，雖寥寥幾味，看之無奇，但效果非凡，常出人意表。」這話道盡了神妙中醫的高明意境。

> 做事一定要讓人後悔，你才叫成功。
> In your actions, make others regret underestimating you—that's when you've truly succeeded.

如同買房租屋，當然也要知道吉凶，辯證好壞與前住屋、後住房的對比，是看風水很重要的一環。其實，真正的風水學也會「看之無奇，效果非凡，常出人意表」，也就是如此「正確而簡單的事，天天去做」，並且得到很多成功的經驗，才讓我改變了「宿命論」的觀點，推翻了香港懸疑大師「命運不可更改」的名言。所以，命運並非不可改變，而是我們有沒有正確的方法去改變。

台灣各地很多房子，都可以看到外面貼有八卦鏡，進入房宅內部門室，也常常可以看到房間都貼有布料門簾、聚寶盆、水晶洞等，也有公司大門放一個石頭寫著「泰山石敢當」的擺設，花樣愈是複雜的風水，其實是愈發值得質疑的，不只台灣如此，日本、韓國、東南亞國家也都可以發現這種風水師的蹤跡。春節過年時貼一副漂亮又喜氣的春聯，買個吉祥物品，做為年節擺飾討個吉祥，這無可厚非，也是人之常情，但要說這些擺設就可以改變風水，智者不信，也不為。

> 就如同中醫能辯證，把脈治病，改變身理現象，風水學也是一樣，真正的高人也同樣必須先辯證房宅的好壞。以中醫而言，他們能辯證準確，立方遣藥，而改善人的體質；在風水學中，也是以五行八卦來辯證，改變氣場方位。
>
> 回到我們做人處事也是如此，一個人能有遠見，能明辨善惡是非，便能辯證吉凶禍福，以正向心念的去面對一切人事，常常去做利他之事，便能改變命運。

機運往往在一念之間的轉變

　　一個人的蛻變往往就在一念之間，選對的路、做正確抉擇是成功的重要關鍵。

　　有一次我跟千春一起吃飯，因為平時，大家都各忙各的，很難得能夠閒聊那麼久，但他突然間跟我談到了他的高額目標，那個大數字，還真是嚇了我一跳！記得二〇一〇年，千春還在汽車公司當業務，他為人篤實，業績平平，看得出收入應該也不高，所以每次看到我時，笑容可掬中總是帶有一份含蓄老實的靦腆。

　　某天，千春突然央請我幫助他找尋好風水的房子，從那時開始，我們才有了較為頻繁的接觸，當時他想買新台幣八百萬至一千萬左右的房子，預算的確不多，坦白說，這個價位很難找到好風水的房子，但以一個汽車業務員，這個價位其實也很不容易了。

　　其實，那時候我們已經看過了很多房子，我鼓勵他，膽子要大，凡事要看遠，並幫他打打氣，縱使是小小的業務員，住在好風水的房子，好運也將隨後而至，房貸利息其實不必煩惱的，何況是認定為好風水的房子。

　　經過一段時間，我看上了一個透天厝，這個房子應該可以讓千春更上一層樓，不論是財運或事業，絕對會很有幫助，但是對方開價一千二百五十萬，遠遠超過了他的預算，為人踏實的千春看到這個價錢，也只能裹足不前不敢買了。

由於機會難得，我逼不得已只好說：「如果你不買，那我買了！」只有用這招兵臨城下的方法逼他買了。

　　自從勉為其難的買下這戶房子後，他也依照我的建議，從汽車業務員改行做房產經紀業務。從此，千春的命運開始大幅度的改變了！

　　好運漸漸一陣一陣的來報到，很幸運的，他剛入行銷售的幾個案子，都是當地「秒殺」的頂尖房產案，這就是「好房子會帶來好運氣」的明證，給予他很大的鼓舞與信心，二〇一五年他與幾位好友創立了一所房產銷售經紀公司，並且迅速的在房地產界崛起。

　　此外，他的性格穩重誠信又認真，獲得很多開發商的認同與肯定，我也在他成長的過程裡，幫他做好每一個銷售處所的風水安排。

　　非凡的蛻變往往就在一念之間，跟對人、做對事是奠定日後成功的重要關鍵。儘管當時房產正處於寒風之中，如果能獨具慧眼，就能把握良機，忍住凜冽的寒冬，等待機會來臨，最後看到的櫻花將會格外美麗。

　　住對房子抵禦景氣的寒潮，如今他年度目標五千萬不過是小菜一碟罷了！隱隱可以看到一個巨人的成長正在醞釀之中，福德攸關一個人的性格與判斷，一切的天時地利人和，都令人欣喜啊！

We are the World! World is the love!

　　不曉得你平時還會聽近四十年前的老歌「We are the World」嗎？

　　這首歌是由已逝世的超級巨星麥可‧傑克森（Michael Jackson）所寫作的。

　　一九八四年非洲發生大旱災，數以百萬計的人們死於這場世紀大災難，麥可‧傑克森以他在熱門音樂界巨星的身分，帶著超高的人氣登高一呼，集合了當年熱門音樂界三十多位的巨星，包括萊諾‧李奇（Lionel Richie）及深具影響力的盲人歌手史提夫‧汪達（Stevis Wonder）、保羅‧賽門（Paul Simon）、肯尼‧羅傑斯（Kenny Rogers）及蒂娜‧透納（Tina Turner）等人，一起製作合唱這首「We are the World」，作為慈善獻唱，發起全球捐助非洲，由美國領導全球慈善，激發起全人類大愛。

　　「USA FOR AFRICA」這個活動根本就奠定了美國為全球最富強的國家，也激發人類的善良本質救援非洲，美國人道救援的富盛之舉，也給予世人無限的欽佩與想像。

　　聽到「We are the World」這首老歌，每每讓我仍會熱淚盈眶，四十年過去了，世界上仍然有許多苦難的難民，和當年的非洲一樣，離鄉逃亡的難民不見減少，尤其是前些年在美墨邊界發生的難民溺斃事件，和當年麥可‧傑克森的精神是完全背離的，美國領導世界的精神喪失，真是讓人極為錯愕不堪回首，那幾年美國所引發的全球混亂，就如同西部開拓史的

> **風水，就是信仰，信仰，是可以創造奇蹟的！**
> **Feng Shui is a belief, and belief can create miracles!**

惡棍一般，某些人專司為非作歹，當時的美國總統川普如果還有優點，恐怕只剩上任後，從沒有主動引發戰爭而已了！

權力實在迷人，縱使極為富裕，還是會讓人陶醉權力，捷克前任總理是個擁有四十億美元的富豪，仍然捲入貪污案件，引發數十萬人的抗議。

美國的總統府白宮，風水應該是一流的，一九四五年羅斯福總統逝世，由杜魯門副總統接任美國第三十三任總統。而杜魯門總統在任時恰巧遇上經濟上嚴重的衰退，但也是在他的任內讓盟軍戰勝納粹德國結束二戰，廣島及長崎的原子彈爆炸日本投降，聯合國的成立，馬歇爾計畫的成立等等。

杜魯門總統是一位友善又謙遜聞名於世的總統。很多人都認為大位可以智取，甚至還有人認為可以豪奪，那可是天命，天命不是凡人可以奪取的，杜魯門總統在一九四五年四月十二日奉羅斯福總統遺命繼任總統，只當了八十二天副總統，繼任總統之後的四月二十八日義大利墨索里尼被殺，五月一日希特勒也被宣布自殺，八月初命令日本投降結束二戰，每件事情都可以看到「前人種樹，後人乘涼」的好運，所以我說：大位是天命！是好運！

第二次世界大戰是在杜魯門的總統任期中結束的，是上個世紀美國令人尊敬的總統，他也是結束軍隊種族歧視黑人待遇的總統，對照今日的白人至上主義，真是令人懷念他的風骨啊！

在荊棘的路上，依然唱著美好歌聲

　　二○二○年的一場新型流感肺炎，打亂了世界各國人們的生活步調，突然之間每個人都顯得好脆弱，一場疫病的發生，將人性自私自利又無助無奈的內心，發揮到極致，法力無邊似乎不如一個口罩重要了！

　　人有人運，天有天運，四季四時無時無刻都在運轉，誰都有運強與運弱的時候，就算是超人也有脆弱的一面。

　　二○二○年的元月，天空中帶著濃濃的哀傷，首先是美國籃球 NBA，受到大家喜愛的小飛俠 Kobe 突然發生墜機離世，給予人們無限的哀傷，英雄驟然逝世，心頭上那份傷痛尚未結束，又來了新冠肺炎的爆發，那種什麼事都無法確定的無奈感，瀰漫在你我生活之間尚未消散！

　　所有的行業都自動地將步調放慢，人們也自發的減少去到公共場所，所以包括我，也一樣減少搭車去東西南北，國外行程更是無限期的暫停，也給了我有更多的時間看看以前看過的書本。

　　其實，任何信仰都曾經發生過各種不同的奇蹟，就是因為有了許多奇蹟的出現，才能讓各門各派的宗教，讓人們有了無限的期待與敬仰，奇蹟就這樣子不斷的出現在人世之間。

　　信仰沒有理由也不能談理由，信仰來自信念，信念也給予我們動力，這個動力也才能產生結果。所以不論任何一件事情的結果好壞，源頭必然來自自己的信念。

> 歷史故事一半對一半錯，許多都是編出來的故事。
> Historical stories are half true and half false-many are simply made-up tales.

達爾文說過：「想要在學術上成功，心態比頭腦聰明與否更重要。」

好吧！我們一起把這句話做個更改，「學術改成財富」，那麼新的一句話就變成：

「想要在財富上成功，心態比頭腦聰明更重要！」

我們一起再做一次更改：

「想要得到身體的健康，心態比任何事物更重要！」

這裡所說的心態，就是我們的信念或信仰，達爾文是第一個提出進化論的學者，但是他在大學時期的成績也只是普普通通。他跟他的同學最大的差異，也不過就是「心態不同」。

如果你認為你會「富裕」，那麼你就會變成富裕！如果你時時刻刻這樣子想，那麼「富裕」就會跟隨著你！

三十年前剛剛結束事業的我，就是一句話「人葬出賊寇，我葬出王侯」，就讓我堅定信仰走進風水學，之後的十年我也根本找不到任何「風水智慧」。如果現在的我算是個成功人士，那我要跟你說，是我的信念讓我小有「成功」的。

一位身在溫哥華的年輕父親，哭泣著打電話給我，告訴我他的兒子患有腦瘤，正準備開刀，他擔心！他無助！他吃不下！他睡不好！他簡直就是活不下去了！我在電話的這一端，靜靜地聽著他的訴說，直到他的情緒漸漸穩定。

我請他祈禱，上帝啊！菩薩啊！給予奇蹟吧！並且跟他說，不要用難過沮喪的神情面對兒子，相反的，應該用「正向又肯定」的語氣堅定地跟兒子說，上帝跟菩薩都會保佑他們家。

最終，他十一歲的兒子完成了一次成功的手術，上帝跟菩薩真的保佑了他們！面對著新流感病毒的不確定性，我們的心態很重要，很多的小本經營事業，更是面臨短暫的為難，鼓舞起精神吧！

　　成功或財富沒有任何的捷徑，它只不過是：「簡單的事一再的做。」這就是成功法則。

　　這種簡單的「信念」與想法似乎和現代的人們的思考有點脫節，現在大家都講究創新、流行創新，也都講究科技，但是好好想想，不論如何創新，都離不開信仰，「信仰」終究會得到自己想要的結果。

態度與智慧是人生大船的帆

美國西點軍校有句名言:「態度決定一切。」有什麼樣的態度,就會有什麼樣的人生?

兩位博士是同班同學,都是班上最優秀、最令同學羨慕的好學生,經過了二十年,兩個人的成就差距卻很大,這其實決定在他們的個性上,一位同學很會讀書,另外一位做事總是追求完美,所以唸書時期差距看似不大,出了社會便優劣立判,畢竟有的人讀書的確有天分,出了社會工作最重要的卻是態度,這兩種是不同的境界、不同的智慧。

我向來對於喜歡的書籍,就算是同一本書也會看上三五十遍,所以天資平平的我,熟讀也能生巧了!我常常說,做人做事不要耍小聰明,耍小聰明看書只會看一遍,就會說:「我懂了!」生活上愈單純愈簡單愈好,我常常跟朋友們談到風水的智慧,其實態度就是風水學上最重要的關鍵智慧,是大福氣與小福分的關鍵。

很多朋友都知道我只看風水不做別的,其他的紫微斗數或是姓名學等等,我很少幫朋友看,這其實就是講究專業,什麼都會、什麼事都做的人,其實就是不夠專業。一個人的時間及精力或能力都很有限,屬於專業性的個人工作只能專注,不能旁鶩!神經科和精神科可是完全不相同的,沒有那個醫生是萬能的,風水學也是一樣,只要追求完美把它做好,其實就很了不起了!這個世界沒人是超人。

> **凡事不取其極，中庸之道要學習。**
> Avoid extremities in everything-learn the way of moderation.

坦白說，我也不喜歡某些整天都問問題的人，這讓我真是不堪其擾，尤其是網路 Line、FB 臉書、Wechat 大行其道的時候，很多人習慣上把問題丟出去，哪管白天或是晚上。當然，這些事情需要分別輕重緩急，以及大事小事之分。

總是追求卓越的我，真是希望擁有一些私人的空間，不要有太多無謂的打擾，追求客戶質量總比追求數量來得重要，這個時候態度往往是最重要的關鍵，朋友們就算是交個朋友或找個好老師，也要找個當運當吉之人，才是最好的人選了吧！

很多的讀者寫信給我，常常讓我感覺很窩心、很感動！偶爾我也會和有需求的新朋友聊聊，也會想要出手相助，但是「想成功和一定要成功」是有距離的，很多人就是「態度與決心」不夠，才會變成沒人幫得上你，在有限的時間裡，我也只能幫助少數有決心的人，所以我說風水可以「廣結善緣」，無法「普渡眾生」。

當年，我知道紫微斗數算命術無法讓人轉變命運成功致富的時候，玄空風水的祖師爺蔣大鴻說的那句「人葬出賊寇，我葬出王侯」便啟發了我，如果那個時候我耍小心眼、小聰明，如果我輕輕帶過不以為意，今天也就少了一個風水大師。

每個人難免都有疑心病，這是常理，但是就是很多人黑白與是非分不清楚，所以成功者總是少數，要明白，成功路途最多逆風也最多雜音，只有堅持到最後的人，才是贏家。

作用與反作用力

　　中國的五術命理博大精深浩瀚似海，縱使個人天資聰穎，一生所學、所精也只能是寥寥數門術數而已，偶爾聽人吹牛說自己什麼都懂！什麼都會！但本質坦誠的人真是不敢為啊！

　　人生在世說長不長、說短不短，研究某些學問只能專注不能旁騖，何況今日的世界不但廣泛而且多元，事事總是變化多端，風水學更是講究驗證與實踐，玄空風水學尤須精於八卦的運用，需要數十年以上觀察確定，才敢踏入助人「家道興旺、子孫昌盛」的領域。如果專家探討一個學問必須專業，那麼一般人同時相信兩個命理師，就很容易變成一場災難了。

　　紫微斗數是個易學難精的學問，當年自己研讀時幾乎是有點廢寢忘食，所以在幾乎很短的時間裡，就是個不錯的高手了！尤其是一些細微的事務，都可以算得很準確，所以自己當時也算是非常相信算命術的人。

　　張哥過了四十五歲之後，應該很有機會大富臨身，這時候他的貴人星都到了！而且遷移宮還有武曲財星化祿照臨，從紫微斗數的角度來看，至少有三位命理師早期都是非常看好他的，張哥機靈聰明卻是有點投機，仗著自己命好又薄有資產，往來於兩大命理師之間看好未來，每天賭博過日，熬夜成習，也日漸染上了吸食安非他命提神的不良嗜好，過了五十歲之後，經濟狀況卻是每況愈下，有位朋友好奇的帶他來見我，問了我：「為什麼他的命運竟然會那麼離譜？」

玩弄別人，其實就是玩弄自己！
Manipulating others is, in reality, manipulating yourself.

我的答案是：「我從來不曾看過，住家風水不好的人卻能成就富貴的。信仰不堅往往都只是小聰明，腳踩兩條船犯了自誤，卻不自知。」

三國演義的劉備，也曾經有個投機的想法，起意左擁臥龍諸葛孔明，右抱鳳雛先生龐士元，得天下兩大明師，他自認可得天下，幸好鳳雛來靠不久即逝，否則左相一句右相一言，自身思想偏離、信仰不堅，哪還有當年蜀漢故事呢？我們應該要知道，「反作用力」的力量常常會抵銷信仰的力量，而風水學的本身就是一種信仰。就算是交往朋友也很重要，自己相信風水學，好朋友卻老是質疑風水學，這便是反作用力的一種，所以會說「交友要慎重」。

自從專研風水學以後，幾乎極少幫人再看紫微斗數了！人的一生精力實在有限，研究學問實在不敢腳踩兩船自找麻煩，但是也想勸戒朋友，信仰不堅難成正果啊！

> 遇到的任何事，一定有前因後果的「作用與反作用力」。一般人在現實中遇到什麼遭遇，會覺得憑什麼讓我遭遇這個不公平的事，而了解因果的人，他會懂得反省，是因為以前的作用力，現在產生了反作用力，所以能夠釋然接受。
>
> 就「吸引力法則」來說，因為你的念頭、信念不斷的重複，就會吸引到相關的人事物。所以，任何事情，從積極正面的角度去看待，就能時刻充滿喜悅美好。

是道則進，非道則退

　　有幸跑了一趟遠行，專程到屏東為一位朋友看了他的房宅，雖然台灣南北已經可以有一日生活圈的便利，但我總是想多停留一會兒，可以深思朋友的狀況，也可以嚐嚐各地的美食。

　　走馬看花就怕出了一點疏忽，難得到南台灣，我總會希望能夠多停留一下，才能幫得上忙，何況宗儒總是表現得那麼誠懇殷切，這是很重要的態度，我則是很在乎那一點點的感覺，宗教或許可以普渡眾生，但是風水學卻只宜結個善緣。但就某些時候，風水學所顯現的力量明顯有效許多！

　　當時看了宗儒新租用的店面，真是讓我一陣錯愕，中南部有很多並不賺錢的路段，很多的老闆其實都很辛苦，而且都勉為其難地經營著他們的生意。很多人並不會思考問題出在風水上，就只能逆來順受地在困難與困苦中一再循環。

　　我大膽的做了一個嘗試，在那個街上一再的測量，找出一個適用的交集，最後再和他的室內設計師一同做個很特殊的設計，這個設計其實很多人都很難弄清楚我的理念與想法，這必須以商店的行業來考量，再輔以複製附近的成功店家，科學不也是「大膽假設，小心求證」嗎？在不了解的人們看來，可能會有如丈二和尚摸不著頭顱一般，但是我卻是有我的學理與依據。

　　狼吃的鹿，並不是運氣不好的鹿，而是虛弱的鹿。與其不斷的在為賺

幾個小錢翻滾，不如想方設法先擁有一筆銀兩，充實自己的實力，站在一個比較好的起跑線上，再努力向前衝，這就是無懼！勇者無懼！

結束後我們一起午餐用飯，討論開業之後再追蹤一段時間，更可以把握成功進度，這是不做明天就後悔莫及的事情，李宗盛寫了一首歌「夢醒時分」，其中有一句經典名言，「……犯了不該犯了錯，心中滿是悔恨」，這何嘗不是很多人的人生寫照！

人生沒有一種品格，可以稱為高枕無憂的，若是現在有幸富裕，那更要謙虛待人，並節儉用來避免奢靡，倘若眼前感覺困難，要知風水就是考驗人性，剛剛接觸時，考驗人們的疑心，再而考驗你的決心，最後還會考驗感恩的心！

人生不設限
──堅信會成功的人，就一定會成功

之前一部電影「聖母峰」，講述一群登山英雄冒險登峰，並經歷生死與共的過程，一幕幕動人心弦的畫面，透過銀幕呈現冒險犯難精神的可貴，讓世人了解「成功的不容易」，沒有爬山登山經驗的朋友，很難理解這些個登山英雄，他們到底在追求些什麼？

這個世界是由瘋子和賭徒創造的世界，一般人很難了解成功者為什麼膽子那麼大？為什麼去冒生死關頭，做他人不敢做的事？

其實不論任何一個行業的佼佼者，在他們尚未成功之前，所做的任何事情都是在冒險，都是在創造、在創新，而且任何事物只有敢創作、敢冒險犯難，才會有超值的紅利，做他人不敢想不敢做的事，也才有機會高人一等，當然成功之後的享受也會高人一等。

世上不論是政治、金融、科技、藝術、哲學等等的冒險家、成功者，他們在成功之前，做事一定都會審慎計畫、準備充分才會行動。莽撞冒險獲致成功的人，往往也很難遍嚐成功果實，在風水學而言，一個人成功與否？將由他的住家好或壞來決定成功或者是失敗。

「你不能對任何事設限，夢想有多遠，就能走多遠。」這是麥可‧費爾普斯（Michael Phelps）在創造奧運金牌歷史記錄之後，所說的令世人動容的一句話，也是我想與朋友們共勉的一句話。

> 讓輕視你的人後悔莫及，那你的人生成功一半。
> When those who belittle you are filled with regret, you've already achieved half of your life's success.

在我進入風水學領域後，我創造過很多的不可思議，將很多的不可能都變成可能。記得第一次去教廷梵蒂岡旅遊時，我好奇的問導遊：「歷代的教宗必須具備什麼條件，才可以封聖呢？」

導遊回答：「一生中至少要出現三次奇蹟。」

德高望重的德雷莎修女，辭世二十四年之後，也在五年前榮獲「封聖」的殊榮。一生一世奉獻給天主教會，德雷莎修女獲頒的榮譽，是地球上最高的榮譽！

無論你今天是成功者，還是正在成功路上，都給自己嘉勉吧！有一天你也可以把「嘉勉」變成「加冕」，把自己變成了不起的一個人，在我們自己的小圈圈，只要努力再努力，我們也有機會自我「封聖」。我正走在這個路上，你呢？

世界上最寶貴的資源是什麼？

芬蘭石油公司納斯特（Neste）的總裁很誠懇的說了一句話：「世界上最寶貴的資源是信用。」要贏得別人的信任，我們必須承諾，並且付出更大的努力去守護這份信任。納斯特認為他們在新加坡找到了他們認為可以信任的夥伴。

納斯特在二〇一九年決定在新加坡投資二十億元建造新科技工廠，從事再生能源，這是一個龐大的項目，並且為新加坡人提供許多優質工作的機會。

納斯特的總裁解釋，他們投資新加坡有很多原因，為什麼呢？

因為新加坡擁有優越的地理位置及良好的經商環境、基礎設施及物流系統，更重要的是納斯特認為這裡有許多優秀勤奮的人才，所以納斯特信任新加坡人，信任經濟發展局，信任新加坡。

前幾年幫一位朋友規劃建造住家，希望能在那條路上依照我的方式建築（富貴線），但這和周邊的房子會顯得完全不同，而這造成業主感覺很猶豫，很徬徨。

其實在中壢往龍岡的路上，也有一家很有名的工廠——葡萄王生技公司，他們生產的康貝特，在台灣享有極高的知名度，五十年前他們的創辦人曾水照先生建造工廠的時候，就將它蓋在富貴線上，和左鄰右舍和對面馬路邊上的房子完全不同，感覺就是歪歪的廠房。當年創辦人若不是堅持

下去,而是跟馬路邊的房子弄成一整排,恐怕這家公司早就垮掉了!因為附近的房子有很多都是「出卦」,筆者可以很肯定的直言,沒有一家出卦的企業能夠支撐二十年。不論老闆再好命都會是一樣的下場,畢竟這是個「富人講究、窮人將就」的學問。

回溫過去的許多年,為什麼我的朋友們都會喜歡我、認同我,除了信任還是信任,因為我沒有隨便說話的習慣,在談論風水學的時候,我更是審思又審思,因為我知道這是頂尖的風水專欄,責任重大。

當代富豪華倫‧巴菲特(Warren Buffett)在聘僱人員時也提到,除了聰明才智之外,最重要的是「正直」、「忠誠」的人格特質,因為,只有世智辯聰,但缺乏誠信,寧願不用,以免對公司的信譽造成威脅。由此可知,品德修養仍是取人的第一要件。

「富人講究、窮人將就」,富人講究的是什麼?就是講究做事的認真態度,再一個就是「正直」、「忠誠」,這些那就是所謂的財富價值。

富豪御用風水師陳朗遺訓

這裡要跟大家分享一篇陳朗先生臨終遺訓，相信讀後必然受益匪淺。

李嘉誠三十歲的時候，在香港開始經商做些小生意。

有一天，陳朗給他算命，算了之後跟他開玩笑地問說：「你希望將來擁有多少財富，你才能夠滿足？」

李嘉誠先生告訴他，「我能有三千萬，就很滿足了。」

陳朗告訴他，「你命裡的財庫不是平的，是溢出來的，你將來必定成為香港首富！」

曾經找陳朗算命的香港人有李兆基、鄭裕彤、劉嘉玲、章小蕙、楊受成、容祖兒、謝霆鋒、黎姿、呂良偉等；另外，泰國國王、印尼前總統蘇哈托也都尊陳朗為座上賓。

很多年前，他吃飯時碰到一個年輕人，便告訴英皇老闆楊受成，這小夥子日後會很紅，你要用他。後來這年輕人確實加入了英皇娛樂，這個年輕人叫謝霆鋒。

陳朗於二〇〇七年一月二十九日在養和醫院病逝，享年七十八歲。從陳郎過去罹病時所得到的照顧，可以一窺富豪們如何尊重這位「御用風水師」。陳朗臨終前，這些富豪曾多次私下來醫院探訪他，陳先生也對這些富可敵國的富豪們坦誠了可幫助他們的「致富因緣」和「致富祕訣」。

以下是陳朗先生在醫院所說的話：

1 我為什麼要幫助你們，是因為你們可以幫助更多的人。
2 其實你們這些有錢人，不是一生修來的福，都是多生累世行善積德，孝親尊師，普濟眾生，才能有現在這些福（財富地位）。
3 現在很多人走錯了路，想用一些手段、權勢或現代知識技術來賺錢，那是因為他們不知道這些都只是緣，真正的還是自己要有因（行善積德，孝親尊師，普濟眾生）才行，如果沒有因，我也幫忙不上。
4 我現在為什要來受苦（指到香港做了三次手術受盡痛苦），雖然我是好意，幫助你們改變了緣，讓你們早點成功，可以多幫助些人，但這終究是違背了天道，還是要受上天的懲罰，畢竟天自有他的道理。
5 要成功，除了自己要有種因（福德），還要有好緣，中國人講「和氣生財」是幾千年累積下來的智慧，待人要誠心正意、和顏悅色，才能結「好人緣」，以後就是這些人幫你成功的，千萬不要財大氣粗，心高氣傲，這是會損福的，《易經》中有說「滿招損，謙受益」，就是在說這事。
6 做生意要走正路，自己有種因（福德），成功是早晚的事，福種得厚，緣自然就來得快，急不得。走正路（做生意正正當當、規規矩矩）也是在造福，立一個好的榜樣讓人學習，這種福也不是幾個億可以計算的，千萬不要想走歪路，否則福損得很快，命中本來有萬億的福，走歪路，減損成幾十億，自己還以為成功了，沒想到將來要受造惡的果報，實在得不償失。

> 傾聽，才能讓你學習到最多。
> By listening carefully, you learn the most.

7 現在世道很壞，大家為了求名、求利不擇手段，問題還是出在沒有聖教（聖賢教育），廉恥沒有了，更不要說仁義道德，你們這些人，如果想要世世代代保有富貴，最重要的還是要把聖教（聖賢教育）給提倡起來，人人有廉恥，人禍就少了，人禍少，天災自然就減了。

8 你們這些人的影響力大，建些好學校，培養好老師，把這事（聖賢教育）做起來，中國安定了，世界各地自然就來學習，做這事，是種現在世上最大的福，行最大的善，誰來做誰就得利，世世代代得大富貴。

閱讀此文之功德回向給所有見聞者！

把時光留給生命的沉澱

　　失去一位老朋友時，很難免會讓人覺得惆悵，也會感嘆人生的無常，人情世故的無奈與無情，畢竟人心都是肉做的，但是無論如何，人總是脆弱的，不是每件事情都可以讓你挽回他人的無情。

　　阿哥最近跟我談到他發生的這件事，他的語氣中充滿著感傷，但是為了一個面子，他也不願意去解釋什麼，人生中來來去去這是常態，我勸他別太在意這種事情。

　　我反過來恭喜他，跟他說：「你的人生又高升了一個格局。」

　　他不解的問：「為什麼？」

　　我告訴他，如果朋友愈來愈少，說明你已經進入高端生活。年輕的時候，我們相信認真經營人脈，相信朋友愈多機會也會愈多，但是進入中年之後，早年留下來的朋友愈來愈少，而留下來的就愈來越重要，古人曾說：「以勢交者，勢盡則疏；以利交者，利盡則散。」

　　年輕時候所交的朋友，大都以利而來，會勸說你加入他的仲介行業，大家一起做傳銷，一旦你有價值，你們的關係就愈好，一旦你沒有了價值，也就沒有這個朋友。

　　曾經鞍前馬後的人消聲匿跡，但是真正的朋友卻絕對經得起時間考驗，人生一世、草木一秋，總有人會與你走散，何必那麼傷感呢？

　　和朋友走散其實是一件好事，走散的或許與你的三觀不同，或志向各

異，或本來就沒有多少誠意，應該慶幸走散的圈子，反而不必浪費時間去刻意經營。

別把人生交給人脈，把時間留給自己，要知道你費盡心思幫助朋友成功賺錢，當他富有的時候，你的重要性絕對不如他新戀的小女友，杯酒釋兵權的現實，還不夠讓你領悟嗎？好色者情淡，好酒者情薄，古之誠也！

人生隨著自我的提升，高級的人生先要享受一下寂寞，要從獨處開始，蔣勳老師說得好：「寂寞會發慌，孤獨卻是飽滿的，孤獨是生命圓滿的開始。」

第五章

那些人、那些事，因為風水而扭轉了命運！

創業成功的因子──台灣人在美國創業的典範

　　加州數十年來都給予人們創業天堂的印象，從北加州的矽谷到南加州，充滿著許多既成功又傳奇的故事，或許我們與世界上許多的人們一樣，也有著比想像更美好的淘金夢，那麼也一起來 California 吧，加州絕對可以滿足你的探險夢！

　　我的好友 Fernando 是一位從小移民阿根廷的台灣人，他是一位獲獎無數的名廚，在台北的餐飲界極負盛名，受到諸多名人明星的肯定。

　　二〇一八年十一月，我從紐約飛到加州洛杉磯與 Andrew 初次見面，Andrew 從小和 Fernando 一起在阿根廷長大，感情非常深厚。所以，Fernando 一直希望我也能在風水學上助 Andrew 一臂之力，這一次的會面就是 Fernando 促成的。

　　Andrew 現在是一位在洛杉磯擁有超過一百五十戶房子的地產商；二〇一〇那年他擠出區區三萬美元開始創業，早年剛剛走進地產業的時候，他自己親自做木工、舖木地板、做水電、裝窗簾，也自己粉刷油漆，廣告牌自己寫，也自己豎立廣告牌，為了省錢，從打雜跑腿到老闆，都親力親為一個人扛起來，這個創業辛苦是無庸置疑的。

　　我第一次到他家的時候，其實也看出問題了。看到他那麼勤奮，那麼認真，也真心誠意的希望他能夠更上一層樓，所以就將想法跟 Fernando 說明請他轉告，那一次時間匆匆，能夠做的事情相當有限。

> 「馬上行動」一半對一半錯，對在當機立斷，錯在欠缺考慮。
> "Taking immediate action's half right and half wrong-right when it's decisive, wrong when it lacks consideration.

　　Andrew 知道我的身分後，立即去洛杉磯附近的圖書館借閱我的書《住對房子，富貴一輩子》，深刻地去了解什麼是風水學？風水學有什麼作用？於是在二〇一九年底，我再次來到洛杉磯幫他尋找一流的風水住家。

　　之後我們看了十幾間房子，還看了幾塊地，其中只有一塊地達到我的標準，之後一行人連袂去拉斯維加斯旅行的時候，他密集的連絡地主洽談買地的事宜，但回到洛杉磯時仍然難以搞定，我也準備要回台灣了！

　　回台的前夕，我勸 Andrew 何不先承租個好風水的住家呢？

　　我們很幸運地「遇到」一個很漂亮的好風水住家！心中有誠，常常會發生奇蹟，更重要的是，之後確實也看到了「好風水會帶來好運氣」。

　　Andrew 搬到新家之後，很幸運的在 Covid-19 最嚴重時，卻非常神奇地，「十年來的成果被最後的十二個月超越了」，聽到這個消息，我真的很高興，身為一個大師，我慶幸自己的本分工作，做了自己該做的事。

　　從事最愛的工作，我遇到過許多心存僥倖或想利用別人的人，但是也幸運地交往到許多極為誠懇的朋友，我以一句基督徒的真理作為自己幫助人的信念：願「信我得福」！

> 　　其實，在這世界上創業的人很多，但並不是每一個人都可以創業有成，創業成功的要素很多，努力打拚固然是不可或缺的要素；然而並非每個努力工作的人都能實現創業的夢想。
>
> 有時，不妨換一個可以舒適身心的地方，讓自己更清新，更能寧靜下來思索，或許你會發現更多契機，開創出嶄新的局面。

你看見風水的勢力嗎？——談韓國青瓦台搬家

賴董及陳總有了一個頗為奇妙的緣分，他們從小學到高中都是同學，進入社會也一起創業，並且都在當時表現得非常傑出，算是青年才俊型的創業家。工廠要搬入新廠時，陳總邀我去新廠看看，想聽聽我的意見。

這是一個算是很差的廠房，幾乎可以說是一無是處，之前就是一個做得不好的公司所擁有，然而，賴董卻感覺價錢便宜，就主張把舊廠移出搬到這裡，並且把新廠花了近一年的時間大肆整修，準備大展拳腳。

我把這個廠房的缺點一五一十的跟陳總說明，如果按照風水格局，根本就行不通。陳總說賴董並不相信風水，所以可能無法改變現狀。

過幾年，陳總約我去他家裡喝茶，那時我們大約也有五年以上沒見過面了！如同我的預測，這幾年他們的公司並沒有跟上台灣經濟成長的腳步，反而步履蹣跚，諸事不順。

他的好同學賴董因為看到當時（二〇二二年）的頭條新聞，韓國新總統將辦公室移出青瓦台，並且將新總統府移到國防大樓辦公，而有了再請我幫忙的念頭。

陳總最近幾年外型有了頗大的改變，整個人胖了一圈，可以感覺到那是一種虛胖，也看得出來這幾年來壓力很大。

見到我，他如同見到希望似的，滔滔不絕的述說著這幾年的遭遇。

我請教他，「賴董住在哪裡？」

待人以誠福自來！
Treat people sincerely, and blessings will follow!

他說住在林口，與前省長同一個社區，那個社區我曾去過，那是一個很差的社區，這就是我說的「物以類聚法則」，一九九九年當時人氣超旺的鄰居，近二十年來人氣散盡，此刻早已被社會淡忘，若是鄰居都是如此這般，前途哪還有希望！

我坦誠的跟陳總說：「您可能必須朝『拆夥』的路上走了。」

住對房子，富貴一輩子，那麼住錯了房子，決策上也會荒腔走板，遇事固執難以任用賢能，公司當然由盛而衰，還不肯做重大改革；當年台灣最大的手機公司，它的總經理辭職，設計總監也離任，人才散盡後，就已經說明夕陽只剩餘暉了！

許多人總是用懷疑的眼光過日子，我所說的「富人講究，窮人將究」是很有深意的，韓國新總統尹錫悅將總統府移出青瓦台，必定是經過一番高人的研究與思量後的決策，正是「富人講究」的最佳詮釋，我雖然沒去過韓國首爾的國防大樓看過，但是從韓國國力的發展來看，移出青瓦台是正確的選擇。

創業經營或治理國事就如同帶兵打仗一般，《三國演義》「赤壁之戰」中諸葛亮的「借東風」，預測風向後以火攻大破曹軍，逆轉局勢，讓曹操統一天下美夢從此破滅，這段情節已成為不少商界策略的典範。

赤壁之戰的東風又如何產生呢？其實這奧祕就是智者能對風水地勢環境做了正確的判斷。正因智者能觀察天地的風向地形，加上上知天文，下知地理，透析人性，當然就無戰而不勝！

我們重獲了新生

「貴人難求，我們何其幸運，能得到貴人的幫助！」這是當年林永杰與吳秀春夫婦對我致謝的話語。聽到這話教人十足欣慰啊！很高興能見他們確實已走出了病魔陰霾……

永杰是透過朋友來找到我的，當時的他因為腦瘤，以致說話、走路都有問題，更被醫生判定極嚴重須馬上開刀。

但是，醫生沒把握，說明開刀有六成恐成植物人、二成可能掛了，另二成則不保證可以回職場工作。這教人怎麼敢開這個刀？

其實，我一直到他們家裡觀察時，都還不知道永杰得了腦瘤，但一入他們家門觀看，大門是二五交加，損主且重病的格局，《紫白訣》上說：「黃黑交錯，家長有凶。」於是我便直言，永杰住在這屋子可能大腦會有問題，這讓他們夫婦兩人驚訝不已。

看過他們的居家風水，我直接建議他們將大門及床位的方位做修改，尤其是大門，這將會變動他們的運勢，招來貴人相助。永杰夫婦接受了我的建議，馬上動工改門，期間搬到娘家暫住。

過幾個月後，傳來了他們的消息。大門方位修改後，他們在網路上找到了一位台北榮總的許秉權腦科醫生，很順利的掛了號（後來才知道這位醫生的門診很難掛得上），更教人振奮的是，醫生檢查後告訴他們說：「我從沒失敗過！」

之後,即使開刀時傷了顏面神經需做復健,但整體是朝好的方向發展的,永杰的說話以及行動能力都恢復了,腦部的病症逐步好轉,每年的回診複檢也都正常,更回到了職場上班。

永杰夫婦奇蹟般的躲過病災,讓他們充滿感激地在我的第一本書中寫序直言:「我們重獲了新生!」更補充說明,「此外,小孩的課業也因床位調整,在班上的排名現已離前十名不遠,這在以前可是天方夜譚呀!這一切,當然我們自己也得努力,但能像這樣有如神助般的順利和大進展,吳老師玄空風水的巧妙安排絕對功不可沒!」

其後,我另外幫他們找了一處新居,直到現在,永杰夫婦倆還不時向我回報,他們一切安好,身體健康、工作順利、兒女都好。在此,我再次祝福他們,他們確實是有福的人!

我們曉得每一間房子,都有每一間房子的特性,不管坐東向西或是坐南朝北、坐北朝南,其實都有不一樣的特性,只要是這個特性弄錯了,那事情就嚴重了!一旦住錯房子,那就容易身體出現狀況,尤其是罹患癌症!可是如果換了一間房子,在不同的房子中,就可以躲過這種風險。

我說的這些話,都是肺腑之言的經驗談,並不是胡說八道,根據國外學者 Frumkin 在近期研究文獻中指出,建築設計及空間的建設對心身健康有很大的影響。建築的建材、室內設計與清潔,保持空氣流通與溼度都是影響健康的因素。而風水就是能檢驗出居住環境的品質最好的方式之一,所以,當我們身體有狀況出現,長期就醫不治,就要正視居家環境的情況,並好好重視風水的問題。

所以我常常在遇到重病的患者時,如果他家裡的風水不好,我會建議

> 跟對人！做對事！是大智慧！但是……常常都會忘記。
> Following the right people and doing the right things is great wisdom, yet we often forget it.

他去旅館租房子，暫時居住一陣子，等身體健康後，再回到原來的房子住，這樣就可以保住一條命，這麼簡單的事，我也只能說：信不信由你！

古書典籍中，提到風水與健康的相關論述：
- 子癸歲，廉貞飛到，陰處生瘍：子癸是對應水，和下腹部有關，代表腸癌或子宮頸癌。
- 青樓染疾，只因七弼同黃：七弼（指破軍）同黃是指七和五交會，這種狀況也可能變成愛滋病（AIDS）。
- 庭無耄耋，多因裁破父母爻：家族當中沒有老人，主父母亡。
- 酉辛年，戊己吊來，喉間有疾：酉辛是指七，戊己為五，五與七相碰，主食道、喉嚨癌變等等。
- 乳癱兮四五：是乳癌，也是子宮頸癌。

（詳細論述請參見《住對房子，富貴一輩子》第一冊）

流年太歲絕對不可以輕視它

二〇一八年，一位認識的汪董找到我，打電話說覺得很迷惑，為什麼那個年底生意很差？感覺景氣似乎很低迷……在電話中他跟我說了兩次！

在台灣談到景氣不佳四個字，相信大家都感覺習以為常了！生意不好這似乎很正常，沒什麼大不了的。可是汪董的住家是我兩年前幫他找尋的，在完全沒逢到煞氣的狀態下，是不應該發生這樣的事情。

於是，一日早上我們相約去他家喝茶，到了他家我才發現，花園邊上原來南方松做的走道，更新成磁磚型的類南方松磁磚，那位置恰恰好就是當年太歲之所在，古有名言：太歲頭上不動土！而二〇一八年的太歲飛到西北方，這是當年不可動土挖掘或敲打的地方，否則犯了太歲，至少三個月難保平安。

二〇一八年戊戌年太歲星臨值，這有兩種說法，其一是命運上的說法，這是指屬狗的人叫太歲臨頭座，屬龍的人們我們稱為沖犯太歲，所以屬龍及屬狗的人們當年都稱為犯太歲，外出或行事都要多加注意安全。

另外一種的太歲，是環境上的太歲星，是風水學上常會用到的太歲，是指地球受到太陽與月亮影響的「反作用力」，所產生的磁偏差，也稱為歲差，磁偏差產生了一個很準確的茫點，這是一個巨大的磁場，一個行之有年的磁場，切勿亂動的地磁。在宮廟文化上也有人說，太歲星就是「鬼神進出天地的大門」，絕不可動土。

我們一行人來到他的公司，才發覺汪董最近十個月根本都是睡在公司樓上，並沒有住在風水還算不錯的家裡，只因為年近九旬的爸媽都住在公司的頂樓，而汪董事親至孝，總是擔心兩老寂寞，但是公司頂樓的風水格局實在不如他的住家風水。

汪董招指算算，的確是前一年的三月他來公司住了以後，業績就一路下滑到年底。倘若住家風水大吉自己卻不居住，等於自己沒充電，當然會影響事業成就的。

其實我常常也會覺得很詫異，屋漏常常會遇到偏逢連夜雨的情況，運氣不佳時往往都會發生連續性的不吉，彼此之間總是相關聯，而風水學就是可以預警並解除不吉的唯一方法。

汪董回到住家住了兩天後，竟然很不可思議的，他難以入眠的狀況立即有了改變，而且生意明顯也有回溫的起色。

太歲星君為人類本命歲神，主掌吉凶禍福，六十甲子各有歲神輪值，當值之歲神，即稱「值年太歲」。在最初的信仰中，「太歲」是最尊貴的天神，是尊貴且吉利的守護神。

清代《協紀辨方書》：「太歲，君象，其方固上吉之方，而非下民之所敢用。」太歲為貴神，太歲所在之向當然也是尊貴吉利的，但是太歲所在的方向太過於尊貴，黎民百姓反而必須避開，以符合上下尊卑之儀。

在不斷演變下，太歲漸成凶象，俗語：「在太歲頭上動土！」自秦漢

時起,古人認為不可以面向太歲,且在太歲方不可興工動土,若犯此禁忌,就會招來災禍惡運。古書云:「太歲如君,為眾神之首,眾煞之主,有如君臨天下,不可冒犯。」俗云:「太歲當頭坐,無喜恐有禍,太歲出現來,無病恐破財。」於是坊間便有所謂「犯太歲」之說法,指值年「太歲星君」每年輪流降福給善德之人,或降禍給作惡之人。其實,值年太歲這也是在提醒我們,每一段時間,都該給自己做一些自我行為的反思,一個人懂得反省,符合天地風水的運行之道,改變才能真正趨吉避凶。

千里迢迢為了一根線！

　　我的朋友是一位了不起的客家女性，非常了不起的媽媽！六十八歲的她早年從台灣隨著老公來到人生地不熟、言語也不通的非洲，赤手空拳含辛茹苦的培育兩個兒子，更以她精準的眼光，待人處事的誠懇，創立了自己的事業。

　　她幫助很多來自家鄉的遠洋漁船，採買船上的補給用品，也獲得很多船東鄉親與船員們的信賴與肯定，在毛里求斯路易斯港談到彭太太，認識她的人幾乎都會給予她一個很大的「讚」！

　　那一年，我懷著好奇與探險的心情來到這裡，與彭太太建立起從陌生到了解的友誼。

　　書唸得不算多的彭太太，卻是個很好學的女士，她在回台灣逛書局的時候，買了一本我的書《住對房子，富貴一輩子》，接著就打了好幾個電話給我，但我看到陌生的國際電話，還以為是詐騙集團的電話，所以都沒有接，而她卻一再的打電話，架構起與我溝通的橋樑，所以我們才有了來訪 Mauritius 的行程。

　　我常常說的「風水是一個工程」，這就是了！一個家或是一個家業，是一步一步將它建立起來的，這就是為什麼有的人可以富三代、富五代，有的人卻是半途摔跤，變成富貴不耐久的原因。

　　我這次的來訪，主要是為她的兒子興建一棟別墅，小彭先生是這裡馬

> **不動聽的話，常常是苦口良藥。**
> Words that are hard to hear are often bitter medicine that does us the most good.

會的會員，馬會在很多國家都是很高級的紳士組織，所以小彭先生在這裡很受到尊敬，也有著一定程度上的社會地位。

彭太太是彭家大家長，為人大器，眼光獨到，看事更是知所輕重，尤其在面相學上更有著很多年的研究，所以她的預言也頗為準確，我們相識之初她可能也幫我看了相，知道我算是誠實又可信賴的人吧。

第一天我們在工地測量富貴線，面臨很多困難，首先是黑人沒有測量儀器，也不了解中國有風水堪輿之學，更不知道我們在玩些什麼？所以黑人建築老闆不知道要如何配合我們？冬天的毛里求斯有著強勁的季風，風勢太強，讓我們不容易使用羅盤定點，我更是擔心工人弄錯，也有著返回台灣的時間壓力。

彭太太的媳婦是位看起來挺有福氣的印度裔女士，別說印度人對中國風水學不知輕重，其實我們絕大部分的華人也不知風水學的真實面貌？所以兒子與媳婦有了某種程度上的意見衝突，夾在中間的我，真是有點哭笑不得。

今天和小彭先生溝通的時候，我非常堅持那根線不能偏斜，旺山旺向沒得改變！這是因為我知道它的重要性，必須把關嚴格，如果可以隨隨便便，這次的遠行將變得毫無意義，對彭媽媽那更是無法交代。

連續好幾天我們往返於海濱飯店與工地之間監督，在這人生地不熟的飯店，雖然景色美麗，事事舒適，但一顆心總是放心不下，直到再次確定富貴線不會錯，心裡頭的擔心才算真正放下了！

很多人悖於生活上的壓力，或不願意正視風水學的重要，孰不知這就是我提到「富人講究、窮人將就」的原因。

可別輕視我設定的這根線，它將深刻地影響小彭先生一家人的健康富貴與家道興隆，遠在非洲卻可以聽到他們說的客家話，親切之餘，真想說一句話：「有個老媽媽真是好福氣！」

自我來到南半球的這裡，就已經從「我暫住宅」、「美美行」、「長子家」、「次子家」、「熱鬧轉角店樓房」、「彭家墓園」等，印證了南北半球風水學上的差異，用以證明這次的建宅羅經使用，也必須有著它的邏輯。

北半球季節性看星空，常常只會看到銀河系的一半，銀河在南半球和北半球是顛倒相反的，所以會感覺陌生又天旋地轉，在北半球只要找到北斗七星，放大五倍即可輕易找到北極星，此刻在南半球卻是銀河的銀心方向向著南極，所以太陽整天幾乎都在偏北的地方，就算裝設太陽能發電板也要朝北，所以風水學來到這裡，更須謹慎小心了！

風水為何是一個工程？《周易》的六十四卦，孔子解釋各卦形象的意義。其中乾、坤兩卦，《象辭》寫上「天行健，君子以自強不息」和「地勢坤，君子以厚德載物」。話中寓意深遠，是說天體運行，周而復始，強健有力，君子應效法於天，永不停息。大地厚實，君子應效法於地，以積厚其德，容載萬物。

所以，風水是宇宙工程，也是人體工程。

怎麼讓「積憂」股變成「績優」股

得好風水，就真的就能得天下嗎？

那一段時間，我從紹興轉到上海繞了一圈，整整七天，對古人的智慧，在感受上可說是很強烈的一星期……

以下就舉幾個案例：

從小陪伴我們一起長大的老牌碳酸飲料「蘋果西打」，因為經營不善，竟然謝幕了！公司的董事長與總經理還違反證券法，被移送法辦。

超過五十年的老牌子說垮就垮，真是令人不勝唏噓，感慨萬千了！很多的企業其實未來都將面臨同樣的問題，原因就是第一代創業的老闆，創業時戰戰兢兢，任何事都不敢懈怠，縱使在風水學上也非常重視，但是第二代、第三代卻是從小就過著好日子，長大成人後，就是有人不知輕重，又缺乏長期指導的大師，這當然與搬錯房子住錯屋是相關的。

我在上本書中曾提到一家在上海的美容公司。猶記得二〇一二年，正是他們被退貨，公司最低潮的時候，阿莉強力的推薦我，叫他們無論如何都要邀請到我，請我幫助他們渡過那段低潮又多難的一年。

當時這家公司還是一家非常小、家庭式的小行號，我也在第二年，強力要求他們租用一間大樓辦公室，也花了兩個月去尋找，最後才像是一家有模有樣的公司，以免住家公司都在一起，否則很容易偷懶，甚至公私不分，這樣是不會成長的！

> **大道理誰都懂，就是學不會！賭必輸誰都懂，就是學不乖！**
> Everyone understands great truths, yet few learn them. Everyone knows that gambling leads to loss, yet few quit.

後來又到上海，那是我第一次來到公司，看到公司的年度目標——「五億元人民幣」，實在太讓我驚訝了！也讓我太高興了！

公司之後又新設成都辦公室，也一直都希望我去指導，他們在四川，只在一年內就已經有了三百個經銷商，這個成長令人欣羨啊！

搭乘他們派來接我的賓利車，真的感覺自己很有成就啊！我說的「住對房子，富貴一輩子」，真的很有道理，尤其是住家及公司都在大吉的風水上，這種成長往往表現得更加強勁與顯著。

風水學的確是很有意義又高明的統計學，二○一六年我恰巧路過楊梅往湖口的路上，就拿出羅盤測量「新普科技」的新大樓，當時也發表文章直言「真是好風水啊！」那個時候，新普科技股價大約不到一百元吧，現在新普科技股價已經翻漲好幾倍了，而且之後每一季的EPS都比過往倍增，這是標準的績優股啊！

台灣的確有很多很棒的公司，這也是撐起台灣經濟最重要的支柱，但是也有很多機會很好，卻買到令人堪慮的公司風水，他們因此所受之損失，就是企業的致命傷！

窮則變，變則通——換對房子，換個腦袋

程太太的公司是一家老字號的鋁業工廠，她的先生程老闆也為人爽氣，總是給人家服務周到又好商量的好印象，來到公司誰都會認為他們的公司很賺錢。

其實她們夫妻常常為了客戶訂單的報價高低爭執不已，工廠的來客從任何一個角度來看，都算得上生意興隆，可是一家人辛辛苦苦做了一、二十年，就是存不了多少錢！一家那麼大的行號，想要買一棟不到新台幣二千萬的房子，都感到手頭拮据，為首付款傷透腦筋，這真是讓我驚訝不已，難以置信！

這天我和程太太母女開開心心的來到這裡看房子，嶄新漂亮的透天厝，新穎寬敞而且光線良好，路旁的兩側房子也一樣漂亮，來到這裡相信應該很多人都會喜歡這棟房子。我們從一樓、二樓、三樓往上看，到了四樓，趁著仲介沒注意的時候，我看著她們母女倆搖了搖頭，就走下樓了！

仲介離開之後，我們站在路邊聊天，這間房子的隔壁兩戶人家，窗戶上就掛著兩個 DVD 光碟片，這根本就證明鄰居家住得不平安，才會用這個方法消災解厄，如果程太太買了這間房子，幾乎保證絕對無法平安，這就是負面效應的連結。

台灣各地尤其是中南部很多民家厝邊，都可以看到「DVD」光碟片或八卦等等掛在門窗上，這些東西基本上可以視為嫌惡設施，只要看到左鄰

右舍兩戶以上人家,將這些東西掛在房子的陽台或大門前廳上面,倘若要買房子,那就要特別小心了。

回過頭來看程老闆一家,程老闆為人豪爽熱心,喜好交朋友,所以客戶殺價總是不善於拒絕人家,幕後管帳的程太太經常為他的「做白工」起了爭辯。

明明公司開了那麼久,已經算是老工廠了,換成別人當老闆,早就買下三間五套房子了,怎麼可能到了如今,想要換個郊區的房子,還要為一點頭期款傷腦筋,這根本就可以證明,他們現在住的房子有問題!

「住對房子 富貴一輩子」這是名言!也是實話!一家公司不賺錢,卻生意非常好!這是很矛盾的。如果住房無法聚財,就會把老闆變成糊塗蛋,該賺錢或不該賺錢分不清楚,如果心中缺乏金錢觀念,不善於理財,那就不要管財務及訂單,或許聽聽老婆的話,也有機會「聽姆嘴、大富貴」也說不定呢!

當然,最好還是參考鴻海集團郭董說的那句名言:「換個辦公室,就換個腦袋。」還是快快換個住家房子吧,觀念不變,命運是不會變的。

愈玩愈大，小心虧損愈大

我一位在金融圈頗為活躍的朋友王 Sir，時常在我的面前讚美她的一位客戶。她的客戶蘭姊平日穿著打扮都非常時髦，為人豪爽，出手也大方，尤其是她家裝潢得非常雅致，還有一些名品名畫，都非常值得欣賞，王 Sir 一直希望帶我去看看。

之前一年年底時，我們在台北剛好也離蘭姊家不太遠，就順道去拜訪她的家，蘭姊家室內空間很寬敞，裝潢得非常用心，應該是花費不少，設計師的確高明也很用心，我們約略坐了一會，就一起去台北市區用餐了。

在路上我問王 Sir：「蘭姊住在這個房子多久了？」

「大約三、四年了吧。」

王 Sir 有點緊張地問我，「您看還好嗎？」

我直接的告訴他：「她這幾年日子應該是過得很辛苦，尤其是經濟上，必定是寅吃卯糧，所有你看到的，可能都是裝出來的。」

王 Sir 更急了，「這怎麼可能呢？」

蘭姊的老公雖然在國外，但是是一位整型科醫師，而且她的家族也都是醫生。

我只好跟他說，這個豪宅所有的風水安排全部出錯了！床位更是在凶方，何況這個豪宅區的山谷，基本上廻風轉氣都不吉，所以住在這裡的幾戶人家，應該都是同樣的結果。

> **不懂得禮賢下士，就往下坡路走了。**
> Failing to honor those more capable than yourself will set you on a downward path.

人會說謊騙人，但是風水不會，答案就是這樣，我可不能看到豪宅就說它風水漂亮！我看過很多案例，在命理學稱得上是好命的人，甚至還有人是富二代、富三代，但是風水住家一旦出了差錯，還是照樣跑三點半。蘭姊的家位在半圓形的山谷區，林蔭鳥叫本來就是很令人喜歡的房子，尤其是台北市區，更是搶手，但是風水不對，還是大有問題。

後來，消息上報了！蘭姊一家移民國外，而且是捲款數億逃走了！王Sir也借貸給她八百萬而懊惱不已，其實王Sir如果提早半年跟我說，應該不致於會發生這件事。我感覺他是蓄意隱瞞，畢竟自己是高階理財人員，還是在本業上操作，但跟客戶有資金上的往來，還是傷了感情。

其實我也不喜歡人家隱瞞我太多的事，因為容易誤導我的判斷。紫白飛星的三七疊臨，只要是這兩顆星星碰撞在一起，必定是主官非破財，而且玩得愈大，虧損也必然愈大，尤其是遇到廻風逆水局，則主自身惹禍上身，日後會付出更大的代價，往往也是牢獄官非之局。

為何我們可以從風水方位，看到一個家族未來的發展呢？

其實《孫子兵法》中也有提及對風水地勢的研判：「地形有通者、有掛者、有支者、有隘者、有險者、有遠者⋯⋯凡此六者，地之道也，將之至任，不可不察也。」孫子又說：「險形者，我先居之，必居高陽以待敵；若敵先居之，引而去之，勿從也。遠形者，勢均難以挑戰，戰而不利。」在「險」形地域上，就應該率軍撤離，在「遠」形地域上，就不宜去挑戰，勉強求戰，很是不利。

以上就是古人的智慧，也隱含了風水學的道理。

善於運用風水地勢，在戰場上無往不利，同時也對一家族的盛衰興旺也有著深遠影響。

命理若有當然有，命裡若無變成有

　　這一天我又來到這個豪宅參觀，這次應該是第三次了！

　　幾年前，是我第一次來到這個名邸，當時我帶著一點含蓄的口吻，告訴我的朋友，「這個房子你還是別來住比較好！」

　　三年前我所以會那麼直白的說這句話，其實是我不忍傷害我的朋友，這戶要價不斐的豪宅，是他用了很多心力打造的精品豪宅，剛剛完工不久，尚未入住，如果一開口就說大凶不吉，真是擔心他會很傷心！當時，我說這整個建案，只適合單身女子居住（其實就是我常說的「寡婦居」），而且所住的人個個都非常富有，但是脾氣小有怪異。

　　三年時光一晃就過去了，我們這次再來到這裡，大樓的管理主任聽聞我的到來，非常興奮，也非常的意外能夠親眼看到我！帶著仰慕的眼光帶著我參觀，那興奮之情就如同看到明星似的，我也是很歡喜看到「旁人的真實面」，在人性而言，無邪是最可愛的一面。

　　〈搖鞭賦〉上說的「風火益財婦人寡」，所指的就是這種的房子，而且整棟大樓都是，並不會因為它是豪宅而有所改變，這房子利於財富的增加，卻不利婚姻。

　　另一個故事卻是教人有點感傷了！

　　我們這個圈子，有一大票的朋友常常都會小聚一下，部分的人是我的老朋友，但是也有一些人就只能算是點頭之交。

有關我的很多傳奇故事，在圈子裡頭應該是人人都耳熟能詳，說是「大名鼎鼎」也不為過，跟我熟悉的朋友，我當然會知無不言、言無不盡。但是也有些朋友，可能他們另有其他信仰，這個信仰層次我總是給予尊重，比如牛太太。

這麼多年來，我都會暗示牛太太，她住的房子是寡婦居，我說了好幾次了！牛太太都裝做不當一回事，但是周邊的朋友應該都心照不宣，所以我也就不敢再說下去了！

牛太太離婚多年，也有一位親密的男友住在一起。我也一直認為，如果她們沒結婚，應該就符合「寡婦居」的定義，應該是無妨的。

上個月，突然聽聞「他」在一場騎機車的意外中，腦部受到了重傷害，住進了加護病房。更巧的是，去年底他們登記結婚了！

有些事情實在是來得很巧妙，讓人真是無言以對，我常常在看到某些朋友犯了風水學上的錯誤時，都會多管閒事，但是也常常有著濃濃的無力感。

「命中若有終須有，命裡若無莫強求」，這句錯誤的觀念話，是早年我奉為圭臬的話語，當年仍算年少又貧困的我，對這句話深信不疑，但是今日今時，我總想去鼓舞人們，別太早放棄自己的理想，所以這句話應該改為：

「命中若有當然有，命裡若無變成有」！

這才是風水命理「趨吉避凶」的理想與哲理。

入土為安，孝悌傳家

很多人都將掃墓當做年後春季的大事，所以人來人往的兩岸班機，每到清明時節總是很難訂位，中國人秉持著祖先的傳承，以忠勇、以孝悌來傳家，祭祀祖先確實是最好的言教與身教。

以前還不懂巒頭理氣的時候，走在山上真是完全看不出一個凸出來的墳墓土堆能夠看出些什麼來？於是在每年的年後，就會去附近鄉鎮的近郊，看看掃墓的人們，開的是什麼車子，是 Benz，是BMW，還是普通車輛，再在事後去印證它，台灣的老墓園往往都是家族型的老墓，由於歷時多年，很容易印證出好壞，由此再確認自己的風水理論，是不是正確的？

中部的一位朋友，原本在電子零件上生意興隆，賺了不少錢，身價至少也有三、五億以上，卻不知何故，一敗再敗了幾年，狼狽不堪的躲藏在廣東一個小鄉鎮裡，他的老闆跟我談到他的近況與經歷，約我跟他聊聊。

他們兄弟有三人，都在過去五年多的時間裡狀況很糟，甚至身敗名裂、官司纏身，最明顯的現象就是兄弟口舌不合，已經到了不相往來的地步，錢財家產都是一敗塗地，他的大哥更是在父親過世的次年，經歷一場重大車禍，至今仍不良於行。

我請他立即回鄉拍幾張照片給我看。

之後他們兄弟因為都感到家運不祥，準備將祖墳擇吉遷葬他處，哪知起出之後，卻只見一片土石流淹沒了先人……

> **人間處處是學堂，街頭巷弄間，高手在人間。**
> The world is full of schools-between the streets and alleys, masters live among us

風水的很多現象其實都很難解釋，我用很長的時間希望將風水導入科學，但是仍然有很多的事情無法解釋清楚。

一位浙江溫州的朋友，早年先人葬在算是很高的山上，幾年前他請我去他老家看看妥不妥當，結果發現是大凶的地方，我請他務必遷移他處，而且在半山之處的陵墓，竟然也會泡在水中澤國，實在教人很難相信！難怪他近期運氣會如此狼狽，一個人在不順遂的時候，除了糊塗焦慮之外，遇事用人也會六神無主，好人壞人荒謬到不會分辨，此刻想要救他，真心說：難哪！

要知道，祖陵牽連一系眾人的福澤，是家道興隆與否的大事，絕對不可等閑視之。

自古以來便有「死者為大，入土為安」之說，親人去世後，仍然活在人們的心中，所以人死後埋入土中，死者方得其所，也讓生者心安。古籍中，有一位秦克遠，某日他生了一坨膿瘡，全身發痛難忍，經名醫看診後仍無法治癒，醫生說已經全力救治，但人事已盡，有人提醒了他，說道：「你迷惑於風水之說，祖父靈柩還沒有入葬，莫非天譴就是指這件事？」秦克遠馬上告假回鄉，在十天內將靈柩埋葬入土，又經過了十日，他的膿瘡突然治癒，不再復發。後人見有類似的情況，便以此感應為戒。

品嘗一杯咖啡的幸福味道！

　　沿著河川邊緣的便道，走到老街的那家老牌咖啡店，頗為帥氣的老闆，期待我的到來已經有段時間了。這家非常獨特風格的咖啡店，錢老闆已經經營十幾年了！他是個極具創意又極有品味的美食家；我一走進大門，其實就已經了解一大半這家店內會發生的事了！

　　剛剛走到河床上的時候，我已經拿出羅盤約略測量好它的分金，如果拿到他的店門口，反而會被周遭的汽車或是其他的鐵器影響羅盤準確度。我在河床上對準咖啡店的那棟大樓為基準，測量起來反而會更加的準確。

　　它是一間坐西朝東的兌宅，大門開在東方震宮，也就是「雷澤歸妹」卦，這代表宅主人必有意外造成的足傷，這就是「足以金而蹣跚」可以確定。店門開錯，也常常會引來「奧客」，造成與奧客口舌不休，更可能容易造成官司不止，這就是「三七疊臨，必主官司破財」。

　　兌宅非常適合經營餐飲行業，若是外來的壓力太大，也主夫婦失歡，「澤雷緊隨」咽喉腫脹，夫妻也必相爭無休；震也是長男，兌金來剋，那就不能夠用較嚴厲的口吻和兒子說話，否則必主家宅不寧，更有甚者，還會傷及長男。

　　家家有本難唸的經，在人生事業逐漸成功的當下，每個人都有疏忽的一面，也都可能把工作中所發生的壓力，轉嫁到家人、老伴的身上，其實都需要唸一些心靈成長的課程。

生命在微笑中律動，也在感恩中滋養，我們都知道理想很豐滿，但是現實卻是很骨感，懷著理性與感性的態度，與客戶、與最親愛的家人一起嚐嚐濃郁的咖啡，這是多麼幸福的感覺啊！

　　要懂得養豆的時間，才能有一杯好咖啡，和家人相處何嘗不是呢？

　　我教了錢老闆一些趨避轉吉的方法，讓他走向正確的道路，假以時日那些紛爭將漸漸離去，更能夠增加他的財運。

　　帶著他滿臉的感激與一杯香醇的咖啡，我開車隨風離去，心中還有一分得意。

> 伍思凱有一首歌《分享》，姚謙的詞：
> 與你分享的快樂　勝過獨自擁有
> 至今我仍深深感動
> 好友如同一扇窗　能讓視野不同
> 與你分享的快樂　勝過獨自擁有
> 至今我仍深深感動
> 好友如同一扇門　讓世界開闊……
> 在人生旅途上不要忘了分享的喜悅，也要懂得好好品嘗一杯咖啡的幸福味道！

天下沒有白吃的午餐

　　之前曾在大葉大學附近幫助相識多年的張代書更改老家新建的座向，老家翻新的工程，至少要調整八度左右，這可是一個大工程，比我們想像的難多了！一大批專業的工程人員，為了前置作業已經忙碌了半個月。

　　張代書的家教做得很好，他的兒子非常上進，很有禮貌，也很貼心，在大太陽底下幫我撐著陽傘抵擋炙熱的陽光，也跟我聊了很多話。年輕人很難得有機會和大師談談專業知識，擴了知識，也增了見識。

　　剛準備投入職場的大學生，也很難得的可以接觸到這種的風水調整，他問道：「老師，房子這樣動工程，很重要嗎？」

　　我說：「以後你爸爸老了！想回來老家住住，若此宅不出狀元郎，或是此宅必出狀元郎，你覺得轉動房子這一度重要嗎？」

　　我在員林有很多的朋友，張代書是看到我的朋友們都成就非凡，才體會出風水的重要，所以這幾年來一直逐步地去改善老宅及現在的住家。

　　我們一起走來，我看著張代書，他走入「好風水」的決心頗為強烈，我也看著他的過程波波折折非常辛苦，成功與成就原本就不可能一蹴可及，尤其是一般平凡的人，想要邁入成功的過程，常常都會遇到「不可思議的阻力」。我相信很多人都會在遇到「小挫折」的時候會懷疑風水學，甚至懷疑自己的人生，「上天啊！怎麼會如此倒楣？」所以，我們的社會才會變成「萬分之一的人掌握百分之九十的財富」。

> 習慣變成性格，性格變成人格，性格和人格，決定命運走向！
> Habits shape character, character becomes personality, and personality determines your destiny!

我的好朋友不放棄風水學，我就不會放棄他。人生在世有著正面的心態很重要。

之後，我和張代書一起設計他兒時的老宅，他想讓老媽媽有個好房子住，安心養老，他也在事後請了建築營造業者幫忙建造，這個業者胡亂造了一半，又跟他借貸一百多萬就躲債去了！他只好找尋別的營造商繼續這個工程，之後的某一天，我來員林，便順道來這裡看看，發現之前的營造業者根本就是胡亂拉線，張代書卻完全不知情，這「羅經差一線，富貴就不見」，這可不是兒戲啊！所以我們只好請「愚公移山」的業者來做轉身的工程。

讀者們可能會覺得「風水怎麼會那麼難搞？」「太費事了吧！」或許也會覺得他「太波折了吧？」其實吃一些苦頭，對沒有好風水的人們而言，是很正常的。

在我年輕的那個年代，自己鑽研風水學的二十年裡，其實也阮囊羞澀了很多年，那個時候根本就看不到前途，甚至女朋友半夜都偷偷地搬走，自己根本就不敢要求她莫要搬離，對方笑貧志短怨不了人家。

當時我更是為了證實風水學的存在，辛辛苦苦搬了八次家，那二十年裡所吃的苦頭，又被人異樣眼光看待的苦惱，當時又要向誰去喊冤呢？這個不辛苦嗎？

但是，人生最重要的，應該是「最後拿到勳章的那個人」。

一九九七年父親大人仙逝，大哥與我都很認真地為他老人家造墓，當時我在風水學的程度已經很有底蘊了！也成就了許多好朋友，更有了許多成功的經驗，所以在之後的十年間，大哥的兩個兒子及媳婦都成了名醫，

小女兒也在澳洲布里斯本開設牙醫診所,姐姐的兒子在商界也經營得頗為得意,一家人在我們兒時的老家,也很受到鄰里鄉親好友們尊敬。

沒有人的成功是偶然的,所有的成功與成長都有它的道理,懂得深耕,懂得禮敬,懂得感恩,上天才會渡化有緣人,天下沒有白吃的午餐。

好要別人誇，癢要自己抓
——風水學中的五行運作

之前和在汽車業界的一位摯交老友相聚，我們相談甚歡，言語中彼此感觸也深；我們交往已經超過二十年，很多的事歷歷在目盡在不言中。

在傳統行業的員工中，想要成功致富總是較為稀少的一群，這種說法應該是非常符合真實情況，中高階層的白領經理人，就算是年薪較為高薪的層級，也不容易老而無憂，除非他「住對房子，富貴一輩子」。

十五年前，他一心一意地想要建個別墅式的農舍來居住，所以常常載我去看土地，我們花費了一兩年的時間尋覓寶地，總算上天不負苦心人，讓我們如願地心想事成。

我幫他規劃建宅的時候，約定在宅邸的左手邊一定要種五棵挺直的椰子樹，這樣子未來他的人際關係將非比尋常。那個時候的他只是個尋常的主管職務，位置雖然說不錯，人際關係也只是平平而已，每天忙著工作，根本沒時間發展人際關係。

新居落成之後，我鼓勵他在銷售業務或餐飲行業上努力，一定會有不同凡響的成就。在這之後的時間裡，我也常常笑鬧著鼓勵他競選公職！雖然說這是個玩笑話，但是也看著他在職場上步步高升，人際關係上那更是不同凡響，完全是當初我們的設定，毫無偏差；我們在談到這些事情時，不覺一陣莞爾，連我都感覺震撼不已！

> **疑心病是無法根治的重症，節儉或吝嗇也是。**
> Suspicion is an incurable disease, just like frugality or stinginess.

幾年前，我在新竹幫另一位朋友看宅，她的房子宅氣不錯，雖然不是寡婦居，卻對男主人不利。所以當時告訴他，若是老媽媽年長體衰之後，千萬要考慮移居。他們夫妻也對我的建議極為重視，將文昌位讓兒子居住，果然很順利的考上國立大學，而且也選讀上很熱門的科系，在和她連繫時了解到這件事，欣喜之餘也證明風水學與人生發展確是息息相關。

很多人都會以為風水學嘛，就是擺擺東西胡扯一堆，其實真正的風水學，的確具有神鬼莫測的能量，我在設計建宅的時候，常常都可以預測宅主未來的人生走向。

早年風水學吉凶的占卜，多以人的疾病作為凶的應驗。風水學在表面上似乎與傳統醫學風馬牛不相及，實際上它和中醫的五行卻是緊緊相連的，醫學在古代也是巫術的一種，所以當時的人們稱呼為醫卜，也透過占卜的運作，轉為對於個人命運的預測。

> 風水學和中醫的五行關係密切，而五行學說是中醫學的理論基礎，以木、火、土、金、水這五種屬性，推演至氣候、五臟六腑、病理關係、七情變化及各種事物歸屬上。其實在五行之中，相生的同時寓有相剋，反之，相剋同時也寓有相生。任何事物是相輔相成，才能得以運行；如同自然界透過不斷的循環與制約，才能保持宇宙萬物的平衡。懂了天地五行運行法則，也自然慢慢能體萬事萬物相互之間依存、制約、協調，乃至與自然界的關係。

創造人生奇蹟
──風水學不可思議的神祕力量

　　風水的效果到底如何？相信很多人都有這種疑惑，它具有怎樣的力量，也是許多人感到好奇的焦點，縱使是站在我的這個高度，還是只能說「很多事都很不可思議」！

　　幾年前我去高雄幫陳小姐看房子，那天也順便去看她娘家的老宅，陳小姐的雙親是經營漁船業的水產公司。然而，現在海洋漁業面臨著海洋水產嚴重的涸竭，魚獲量早已經大不如前了，加上世界各國都在過去的數十年大力發展漁業，因此這個行業真如夕陽西下，許多人都已經漸漸退出水產行業了！

　　年近七旬的夫婦倆一輩子經營的事業，也只能苦苦的堅持下去，畢竟他們的老朋友們、老船長們，都是跟他們最有感情的鄉親老友，對於水產他們有極深厚的感情。我來到他們家後發現，就是個二五到門的宅邸，一眼望去就是「老公司」的感覺。

　　他們夫婦倆數年前在間隔七八戶的轉角也買了一戶房子，目前是由兒子居住在那裡。我當下幫他們做了一個重大的決定，將公司搬到新家去，而且夫婦倆也一起搬過去住。

　　老家的格局不只「二五到門」而已，來龍去脈也不吉，不論做什麼行業都不行，二五到門更是損主且重病，這也是癌症的前兆，非搬不可。

回到桃園之後的幾個月，我還很嘮叨，不厭其煩的催促他們搬家，當時我對漁業的生態完全不懂，只是以風水的角度做我該做的事。

　　之後陳小姐又請我幫她找尋好宅，提到她雙親搬家後的點點滴滴，經過我催促之後，他們考慮了一陣子，終於決定重新裝潢新家，完全依照我的設計做好辦公室，也在樓上重新設計房間床位。

　　奇蹟出現了！他們的漁船在去年竟然是獲利的，是很有收獲的一年。所以我根據這個理由認為，只要是老闆的風水對了，漁船也會跟著好運，我的這個理論在世界各地應該就是「鐵律」。

知彼知己，百戰敗勝
——人生中不可或缺良師益友

是什麼讓一個人表現得很卓越？為什麼這個人有這樣好的機會？

讓我們來談一個親身經歷，這也是一個很有趣的案例。

我在多年前認識了一位農產專家，是一位很年輕又很認真的洋菇農產家，在中部地區的一處農地上，他們夫妻創立了屬於自家的一個洋菇領域，然後將他們的產品送到了全台灣的超市大賣場中銷售。

我們初相識的時候，也著實讓我見識到猶如魔法般的農業技術，畢竟我是完全不懂農產行業的門外漢。當年我看過他的工場及住家，直覺的感覺還算 OK，但是談不上大吉。

兩年後的某一天，他們夫妻邀請我幫他設計新家，那是在彰化近海鄉鎮上的一塊土地，堂局可稱之為上吉的一塊地，絕對比他們的舊居來得更好，所以我也鼓勵他們盡快興建。

畢竟我從來就是以當事人未來的命運走向來做考慮，總是期待著我的朋友的未來都會愈來愈好，我就是喜歡那種「成就感」的人。

新家一定要和舊居做對比，並且也要了解它們之間的吉凶效應，這是標準法則，也是我將他人帶往富裕健康的一貫原則。我常常說的一件事是，只要住家和工廠都在風水吉祥的標準上，那未來必定成功富裕，無庸置疑。

> 不要羨慕富裕的人,倘若不接近窮人,他比你還窮。
> Don't envy the wealthy; if they don't get close to the poor, they are poorer than you.

在這幾年當中,其實我也鼓勵他們興建自己的辦公樓。一般的草創公司在事業初期,往往只尋求能夠經營就可以了,並不會在意風水格局,但是一家公司在事業順心順水之後,就必須往更大的格局邁進,這就非有一個更棒的辦公樓不可了!於是他們後來才有了興建辦公樓的構想。

我在數年前曾經寫作過一篇文章,內容指出上市公司新普科技的新工廠,就在鄰近舊廠的馬路對面,當年我便很訝異的指出建造得「非常完美」,當年它的股價大約一百元,比較起今日的股價那可是倍數身價,不可同日而語,今天的新普科技已經可以說是電池界的龍頭廠商了!

企業主在做抉擇的時候,選邊做出正確的選擇非常重要,畢竟公司工廠的辦公樓是公司企業的門面,也是思考決策及接待外賓最重要的處所,這些事情讓我感覺,我們這一生有個良師益友實在是太重要了。

是什麼讓這些原本平凡的人變成領袖級人士,而他們又如何能夠那麼卓越非凡?我會說:在好風水的磁場上,絕對讓你的智慧超凡入聖!

〈地形〉是《孫子兵法》第十篇,論述地形在戰爭中的重要,「孫子:知敵之可擊,知吾卒之可以擊,而不知地形之不可以戰,勝之半也。故知兵者,動而不迷,舉而不窮。故曰:知彼知己,勝乃不殆;知天知地,勝乃可全。」古人說的地形,就是我們現在談論的風水,知彼知己,百戰敗勝,企業主就要能找到自己作戰的最佳位置,有良師益友則能幫助我們,更能找到對自己有利的方向。

讓心神安定
——學習控制情緒，別被情緒控制

　　王夫人帶著我們從一樓看到四樓，剛剛準備在餐桌上跟她說明的時候，王先生匆匆從公司趕回到家了。住家風水的分析一家人一起聽，那是最好了！

　　這是一棟分數還算高的房子，所以住在這個房子的主人，地位應該也會很高，尤其是開門位置大吉，正符合《紫白訣》「一四同宮，必主科名」的條文，《玄空祕旨》也有條文：「科名之顯，貪狼星入巽宮。」都說明了此宅門向方位的正確，必主其主人才華出眾。

　　整個房子布置溫馨雅致，西面樓梯下有個鋼琴，西兌為少女，為歌星，所以宅主的女兒必是練琴之人，但是小女兒床位錯誤，雖然具有天分，但是運氣卻是一般般，難以出眾，更可能還會患有下腹疾患——腹多水而膨脹。

　　小女兒床位的樓上，也正是主臥室的位置，所以主人夫婦也會犯糊塗，我教了他們怎麼更改房子之後，一群人已飢腸轆轆，便驅車享受美食去了。

　　經過幾個小時，大家比較熟悉了，也該說更多的實話了！

　　女兒壓力很大，床位不佳會惹得媽媽「歇斯底里」，無法控制情緒，這是不可以的，媽媽責任心重，期待兒女成龍成鳳要求自然會比較高，難

> **甜言蜜語的背後，一定有目的！**
> Behind sweet words, there is always a hidden agenda!

免母女之間會產生不良情緒，所以偶爾就會控制不住發生爭執。我們睡覺的床位倘若錯誤，就容易大吼大叫發脾氣，這是於事無補也是該改善的所在，只要將床位放在生旺氣方，脾氣修養一定可以穩定進步，學習能力那更是不用說了，必定成長驚人又神速。

將要散席的時候，龍老闆豎起大拇指對著我說：「大師，真是佩服您！我的老友老王，年輕的時候是上海市文學方面的狀元，此刻也是外資企業最被器重的 CEO，經常旅行國外巡視業務，這些都沒能瞞住您！」

看房子，看風水，這才是正確的過程，很多人夫妻不合，其實也跟風水不對有關係，但夫妻的口舌，很多時候是可以改變的。

《玄機賦》：「周流八卦，顛倒九疇，查來彰往，索隱探幽，承生承旺，得之足善，逢衰逢謝，失則堪憂。」這些詞句，可謂道盡了風水大師的意境，看風水不就是看這些隱私，然後力求改善嗎？

文昌之位在哪裡？

　　我家的祖墳是在一九七七年丁巳年建造，距離現在已經四十多年了！當年會選擇到現在這個地方，其實離小時候長大的老家算是非常遠的。一個祖墳的好壞，在一段時間之後來看，子孫後代的綿延，後世子孫的昌盛與成就便也顯而易見了。

　　老家在中原大學附近，當年台灣經濟正在起飛，台灣各地大興土木建造公共建設，所以祖墳被迫分移各地，來台祖也在我曾祖父墳上另行建造。四十幾年前的風水師父，現在來看，顯而易見的是非常有良心的，雖然談不上是一流的風水，但是可以肯定他的精準，我們家的堂兄弟們表現得也還算是有成就。

　　說了以上這些往事，讀者朋友們應該可以看出我想要談的就是「風水基礎」。做人絕對不可以有著投機取巧的想法，交往朋友不可以，從商從政不可以，上班工作不可以，絕對不能有投機的想法。當然，不論是祖墳或是陽宅住家，尋求風水大師幫助，都不可以存在不良的心態，才會獲得真正的好家運。

　　大學公布錄取名單，我一位至交好友的兒子，很幸運的考上了台灣大學醫學系，台大醫學系錄取的名額本來就不多，所以算是很不容易了！消息一傳來，我深感震撼與雀躍！實在高興！真的與有榮焉啊！

　　我們兩家交誼超過二十年，狀元郎的父親也是我書中常常談到的好朋

友，十五年前他買下了一小塊地，準備建造自宅，我相過土地之後，心中實在矛盾，就和他一起在路上逛逛，我們走到一條丁字路口，我指著一塊土地說：「如果可以買到這塊土地，你就發了！」

　　成功人士的想法的確和一般人不一樣，我的朋友立即上網查看這是誰的土地？可不可以買得到？經過了一番波折，他將原本的土地賣掉，改買我說的那塊地。最後，竟然很神奇的讓我的朋友買到了這塊土地！

　　皇天不負苦心人，心想事成其實在很多人身上都可以看到這項奇蹟，重要的是，你必須先相信「奇蹟」！

　　我們隨即計畫興建，也告訴他「讓兒子住在文昌位上」，那個時候小朋友也不過是小學生吧！但是個性非常自愛上進，目標也非常明確，或許是住在文昌位的關係吧！表現也一直非常傑出，能夠順利考上台大醫學系，真的是非常高興！畢竟是未來的主人翁，真心期待他順順利利，在學業上鴻圖大展！

從創業、成功到衰敗的十年

　　對於風水學的態度以及信任。以下，是一個經典的案例。

　　有一年的晚上，我在上海的飯店裡來了一位訪客，見了面的第一句話：「吳先生，我能不能聘請您做我的顧問？」

　　當年我來上海還很不方便，每個月都要從台北到香港再轉機到上海，每次來也只能待五至七天，當時我在上海的客戶很少，所以我無從拒絕，否則就不要來這裡發展了。

　　李董是從福建來上海創業的外地人，當時他和許多同鄉們一起來上海開設遊戲機的行業，每一個店面合作的方式幾乎都是用口說的約定，並沒有我們現在所熟悉的契約方式，分紅也是當月立即發放現金。

　　我每個月來上海，幾乎都是幫助他們選擇開業的地點，並且用這個地點來設計辦公室及法人代表的辦公桌位。也幫李董選了一個主要的辦公室，做為企業總部，這個總部也是眾多同鄉聚會的處所。這個辦公室風水絕佳不可多得，他的股東們幾乎每天早上都會來這裡喝茶聚會聊天，隨著生意愈做愈大，人氣也愈來愈旺。

　　我特意囑咐李董：「這裡風水絕佳，對於運氣的增補加分不少，要常常來這裡，無論如何都不可以離開這裡！」每次來到這裡，都可以感覺他們的業務發展得令人極為驚豔，從上海的各個區鎮往杭州、寧波、宜興等地展店。

隨著中國經濟的起飛，這是一個賺錢狂飆的時代，真的是可以用日進斗金來形容，他們每天的生活幾乎都在餐廳吃飯喝酒度過，每個夜晚也都多采多姿，總是帶著一身醉意才從 KTV 漫步回家，那些年股東們的生活，絕對可以談得上豪奢極致。

　　起初認識李董的時候，他在上海的住家並不大，風水來龍卻也極為漂亮，這完全符合我的要求，住家與辦公室風水都很完美。他也跟我說，希望未來能夠有一個更漂亮、更寬大的別墅住家。其實他在青埔總站附近，還有一個寬大的別墅，只是我一直覺得這個房子不在富貴線上，所以我並不滿意也不同意他進行裝潢，這件事情就此擱了許多年，而隨著他的事業愈來愈大，他在上海的時間也愈來愈少，就更少談到這件事情了！

　　在那段財富急速累積的年代裡，我也在數年的時間裡經常專程去福州幫他選擇祖墳，可能受限法令的規定吧，一直都無法找到稍好的寶地吉穴。隨著李董事業的擴大，他的政商關係也愈來愈寬廣，從上海、浙江一路到福建，他各地的朋友都知道他身邊有一位大師朋友。

　　有一天，我從台灣飛來福州幫他看祖墳用地，這塊土地讓我大喜若望，這個山頭是一個旺山旺向的好風水，中國人尤其講究慎終追遠，其實這也是孝道的一環，當場我就決定使用這塊土地做為祖墳，並且期待在半年後找個良辰吉日舉行動土儀式。

　　我來到連江縣後，李董介紹了一位當地的風水師與我認識，對於這位口沫橫飛的「土風水師」，我與他談話之間沒有交集，我談玄空風水，他卻只談一些算命術，我心中因此暗暗感覺，事情不妙了！

　　數個月匆匆過去，有一次我來上海的時候，李董竟然拿著別墅的設計

圖讓我幫忙設計一下，我有點傻眼，這不就是我不同意裝潢的那個別墅？但是也不方便問下去！李董今日身價已不同於以往，或許他就是想裝潢氣派一點，算是給自己多一點門面派頭吧！無奈之下，我也只好隨著他的意思了！

李董的交際圈愈是活躍於各省市，他的人際關係也愈來愈複雜，相對的，借錢的人也愈來愈多，戒心隨著富裕而鬆懈。

我們見面的機會也愈來愈少，可能就是這樣，也有他人介紹別的風水師給他，這也讓他無法辨別真假，只要心思及耳根無法辨別雜音，其實大禍已經不遠了！

為了增加獲利，他的某些店面有了一些偏差的經營模式，導致整個企業麻煩愈來愈多，以致逐漸崩潰。我覺得很訝異，他也支支吾吾說不出所以然來，只感覺他整個人似乎有點不對勁。

我問他祖墳造好了沒？他也希望我去福建看看，但到了山上，真是讓人感覺「好傷心」啊！

我們好不容易找到一個風水寶地，而這件事竟然讓這個小縣城的人都在傳聞，人人都知道他身邊的台灣大師所選擇的寶地。

問題就出在這裡！「千萬不要隨意透露自己的祖墳所在。」我的話言猶在耳，但地方上某位有權有勢的人士，向李董要求在祖墳土地上分一小塊給他，他也要做祖墳，這個地方人士讓李董不敢拒絕，因此並沒有使用我設定的「富貴線」立基，非常可惜。

我常常說「羅經差一線，富貴就不見」，就印證在李董的身上了！

一朝得志就語無倫次，這是許多人最容易犯的毛病，很多人成功富裕

> 你的病是怎麼造成的？喔！是許多庸醫將你造成的！
> How did your illness come about? Oh! It was caused by many incompetent doctors!

了，就不在乎發家發富的老朋友、老師爺，更不在乎多花一點錢多請一位「風水老師」，然後馮京當馬涼，就這樣把好運葬送了！

陰宅風水絕對是風水學的最頂端，影響非常深遠，非常重要！一旦弄錯了祖墳墓園，絕對是災難一場。

祖墳的建造及住家裝潢的時間，錯誤幾乎都在那一兩年間發生，為了企業門面，他又另外找了一個總部大樓，一錯再錯，早就忘記當年我告誡的話了：「無論如何都不要搬離總部！」

從陰宅錯用風水師、住錯別墅，到總部賣掉，我深刻的感受到他心神的慌亂，雜務眾多，借債拿不回來，更讓他徬徨無神。當我同他回到福建老家，明白告知他弄錯祖墳的時候，他已經無力回天了！

格局大器才是人中之龍

　　往來上海已經超過二十年，這裡有著我許多的好友，以及許多美好的回憶，兩年多的流行病阻擋了腳步，但仍然時時刻刻想念著老朋友們，和那些常常行走的街道。

　　阿章是一位豪爽大氣的生意人，他的行事作風非常特殊，對於古董與畫作尤為鍾情，研究頗深，他與人相處的大器作風算是極為罕見，而這個特殊性格讓他認識大師級的名家變得輕而易舉。

　　當年，我原本已經打算離開昆山回台灣發展，小吳請我轉換跑道來上海試試，就介紹阿章與我認識，當時阿章生意也很不順暢，但是他們都希望我能留在上海，想著或許我可以幫上他們，於是就介紹我做為阿賓的顧問，就這麼一個機緣，讓我拓展了人脈關係，從此每個月往來於台北、上海逾二十年。

　　小吳、阿章、阿賓、阿莉四個人就是我當年來上海最重要的好朋友，近年來小吳也從餐廳的小經理，轉身成太倉地區餐飲業的大亨，事業非常順利，阿賓更從上海青浦發展成為大陸頗有名氣的慈善家，所以記記掛掛的，只剩阿莉和阿章了！畢竟我都欠著他們一份情。

　　阿章的住宅是一個大路沖，人人都說這個房子有問題，只有我說風水很好，不用擔心。十幾年來，他的財務總是東張西湊的，頗為辛苦，只有我獨排眾議，鐵口直斷他必發老運，而且還是大發，絕不是一個小數字。

阿章非常好客，經常大方請客，當初我每次來上海，他必定為我接風，帶我去上海最高端的餐廳吃鮑魚、吃魚翅，縱使他經濟拮据，也會借錢請客，行事風格頗有孟嘗之風，大異於常人。加上他的眼光神準，因此許多中國書法美術頂尖的傑出人士他都可以輕易交往，而且個個名家都與他交情深厚。

　　上個大運十年，他的命格正好化忌入命，所以命運非常多舛，難以聚財，算是散盡千金交友的那種個性。

　　多年來，我了解他阮囊羞澀，卻一直鼓勵著他：「你五十五歲之後一定發老運，而且絕對不是個小數字！」

　　果然，最近他喜悅的跟我說了一個天大好消息！他去年新設的新創公司，最近收到了一筆大訂單，一個超過十五億人民幣的大單，對許多人而言，那真的是天文數字的大單，是可以立即翻身的大訂單！

　　做人小裡小氣或許可以有個小富，若性格表現大度，待人處事寬宏，格局自當又是另一番局面，似乎這是人生定律。

　　這不會只是一次性的訂單！他的住家風水不錯，而且未來數年裡他的命運會比現在更好、更佳！何況身邊還有人相助，當然可以不同凡響！

好言好語，也要好好消化

多年前，板條有意買住家附近的一間房子，就請我幫他看看是否適合，我看過之後，便詳細的跟他說明非常不好，建議他不要買。

兩年後，有一天在百貨公司巧遇板條，他興沖沖的再請我到他家喝茶聊天，礙於情誼我也不好拒絕，便答應了他的邀請。

來到他家，正是那年我勸他不要買的那間房子。我看他們一家人似乎日子過得很不錯，全身上下都是名牌服飾，夫妻倆也開著高級名車；我有點不服氣，從車後拿出備用的羅盤，走到戶外再一次的看分金卦象。

看過之後，我還是謹慎地請他不要太大意。板條的父親原本是上市公司的董事，離世之後留下上億的財產給他，他為人出手大方，腦筋也極為機靈，往來的朋友多是台北金融圈的操盤手，所以收入算是頗為豐富的年輕人。

風水不會騙人，在行家眼裡可以明察秋毫，他住在這裡居然也會發富，讓我感到非常詫異！但是，該說的話也不能昧著良心說假話，否則真的會對不起自己的良心。

匆匆地又過了五年，板條再度打電話邀我相聚喝喝咖啡，想著疫情稍緩，我也想見見老朋友，便應了邀約。但是多年不見，他整個人瘦了一圈，神情極為沮喪。

過往的十幾年，他的日子過得還算不錯，主要是高利息的收入，但他

人類有兩個秘密——偷情跟看風水！都不想跟人家說！
Humans have two secrets-affairs and consulting Feng Shui! Neither are things people want to admit!

在金融圈的朋友因案逃跑了，將他的資金也一併捲走，名下的四戶房子也因故全部被牽連，導致他完全破產變成一無所有，還背了一身債務。

我說：「我以前那麼慎重的警告你，你怎麼還會發生這樣的事情呢？」他說我警告他的時侯，他每週的收入都非常可觀，經常都是上百萬，所以當時他並不以為意，也不相信自己會掉入那麼嚴重的深淵。

對外行人而言，轉投資太多，並不叫分散風險，而是不務正業，尤其是在風水不對的房子裡，常常會讓人異想天開，絲毫不知危險就不遠了！

風水磁場會影響我們身體的荷爾蒙，只要出了差錯，不但損財還會傷身。人性裡都很難避免存有投機的一面，板條以前雖然生活很富裕，對我卻是裝糊塗，如果是當年我每年都跟他收顧問費，他一定會思考：要花這筆錢嗎？但如果他給了我紅包，我說的話，相信他一定會聽進去的。

人生很奇妙，如果運氣要往下走，好言好語總是教人很難吞嚥，或許這就是命運裡難以言喻的玄妙之處吧！

逆轉命運的兄友弟恭

　　法昭禪師有詩云：「同氣連枝各自榮，些些言語莫傷情。一回相見一回老，能得幾時為弟兄。」旨在勉勵珍惜生在同一個家庭（或家族）的緣分，而在我過往的案例中，有一對兄弟的情誼是最教我感佩的。

　　為了保護個人隱私，我姑且稱呼哥哥為「阿權」、弟弟為「阿文」。他們兄弟倆經營著自家的機械工業產業，營業狀況也還不錯，只是兄弟倆找上我時，阿文的情況其實已經很不樂觀……

　　當時，他們的父母已前後沒差幾年地相繼離世，而阿文因為好賭成性，幾年下來輸了數千萬元，差點敗光了家產，哥哥阿權半認真、半開玩笑地說：「差不多要去睡公園了！」

　　除了這個讓人傷腦筋的經濟狀況，還有更讓人頭疼的婚姻與健康問題，阿文的老婆因為他的好賭，跟阿文兩個人處得「如火如荼」，鬧得快要離婚，自己也流了產，阿文自己則在前一年也發生了嚴重的腹部腸道沾黏，需要開刀。

　　阿權雖然有點怨言，卻看得出來他還是很包容這個弟弟，而阿文雖然禍害成籮成筐，卻感受得到他心中的懊悔之意。

　　那一年的大年初六，我登門去看了他們家的風水，一看就是個「凶宅」，正符合《玄機賦》上所說的：「二五交加，損主且重病。」無怪乎他們的父母這麼快地相繼去世，損主之宅如果繼續住下去，後果其實都可

預見。當場我便叫他們兄弟倆盡快搬家，而他們也沒有太多的猶豫，很快便找了租屋暫時搬離，我則很快地幫他們找了不錯的好房子成為新居，也幫他們在南投墓園尋了一處墓葬風水寶地，好好安葬了他們的父母。

自此後，兄弟倆人彷彿重獲新生一般，阿權更加照顧阿文，不僅家族事業蒸蒸日上，一切都順利，阿文更是安定心神地專注在工作事業上，不再往賭場跑，健康問題解決了，跟老婆也相處和樂恩愛；兄弟倆人的子女也都表現優異，十分上進。這種種的轉變，教兄弟倆人感覺不可思議，都認為風水大大改變了他們的生活與命運，甚至待我如父親一般尊敬。

其實在我看來，風水固然在其中起了重大的影響，但本質上還是兄弟兩人的情誼，我從以前就一直強調為人處世的重要，每個人的品格、態度就是決定了往後的人生結果。正因為他們彼此的看重，以及真心為事業、為家庭未來的著想，才讓他們得遇貴人，逆轉了逐漸頹圮的人生命運。

第六章

磁場有效應,
好運風水有門道

找到自己富貴線上的明珠

　　紐約是世界金融中心，是美國國家皇冠的那顆珍貴鑽石，也是造就美國所以強大與富裕最重要的大都會。紐約市之所以如此燦爛，絕對不能不提到曼哈頓。

　　二百年前，創建紐約市的先賢們，就將曼哈頓毫無私心地切割成方方正正的都市，更在無意與巧合中，將曼哈頓的幾條大道都做在中國風水學的富貴線上，可以說曼哈頓應該是世界上最大的富貴線集中地了。

　　我去紐約時，便用羅盤正確測量過曼哈頓的各個街道，以前測量台北市信義區的時候，發現有那麼多的富貴線已經讓我相當震撼，但台北市早期的規劃還是有很多人為色彩，造成部分巷弄彎掉偏離了富貴線，所以台北市雖然有很多富貴線，但部分的房子還是被彎掉了！「羅經差一線，富貴就不見」，這是正道正理，不能打折扣的。

　　老外做事就是和我們不一樣，不會彎彎巧巧，紐約曼哈頓和加拿大的溫哥華西區，都是如豆腐般方方正正，而且都在富貴線上。在曼哈頓最有名氣的首推洛克菲勒家族，這個家族最少已經富五代以上了。

　　曼哈頓第五大道上的洛克菲勒中心，以及第六大道及附近從四十七街到五十二街的好幾座大樓，都是屬於洛克菲勒家族，可見其富裕的程度。

　　曼哈頓商業區最燦爛的明珠，當然是第五大道上的川普大樓，川普大樓附近的商店，入駐的幾乎都是世界極為頂尖品牌，川普任美國總統時，

> **你不改變自己，就等著被改變！**
> If you don't change yourself, be prepared to be changed by others!

我們常常感覺他的口氣很大，很狂妄，但如果你在第五大道也有一棟大樓，如果住在富貴線上夠長、夠久，我相信你的口氣或自信也會不小，可能再聽川普說話，就不會見怪不怪了！

住在富人區裡，住在富貴線上一段很久的時間，內心世界是會被改變的，這是統計學的真理，川普場面見多了，所以住在富貴線上，縱使倒閉七次，仍然能夠強壯起來，這是奇蹟，也是真理，信我莫疑吧！

我們來到百老匯（Broadway），華爾街的金牛矗立在街頭上，這裡的樓市縱橫交錯，是個偏向市場型態的地方，名氣很大，卻是個賺到要跑的地方。紫微斗數的貪狼星加上火星的組合，必主突發突敗，何況百老匯附近是兩河相交之地。機會很大是它的特色，卻是不能不防風險的地方。

紐約使得美國強大，曼哈頓使得紐約富甲天下，這裡創造的眾多富豪讓曼哈頓聲名遠播，富貴線也讓曼哈頓馳名世界，但必須明白一個定律：只有住在富貴線上的房子，才能富貴一輩子！

> 富貴線有很多，線上的明珠也不少，但就看你能否看見。就像在人生中，我們要如何讓自己成為富貴線上的明珠？
> 其實，每個人都需要放在適合的位置，放對位置，就能成為閃亮的明珠；同樣的，如果身為主管，也要去了解每個團隊成員應該被放在哪個位置，團隊運作的生產線就像是齒輪一樣，齒距無法契合，運轉一定不順暢，所以團隊中要找到彼此認可的位置，才能讓運作順暢。所以，一旦自己找到了富貴線上的位置，人人皆可成為富貴線上的明珠。

買房住房萬萬不可三三八八

　　張先生帶著我來到了他的老家，他們兄弟有意改建三合院，讓媽媽有個新房子享享清福。老家目前只有老媽媽一個人住在這裡，這裡的鄉親好、空氣甜，自從張爸爸仙遊之後，老媽媽也不喜歡都市的車流與嘈雜，市區房子的窄小，怎麼也比不上鄉下台式三合院來得陽光燦爛與自由自在，孝順的張先生只好順從著母親，讓她一個人住在鄉下。還好，老母親年紀雖長，身體也還康健硬朗，暫時不需子女們擔憂。

　　老家是座北朝南的坎宅，因為是三合院，所以南面就成了缺卦，南方離卦的後天卦就是乾，八卦的乾卦主宅中的男主人，所以張爸爸去逝得較早，這個老宅屬正南北向的子午向，風水學把八卦的二十四山，分為四維、八天干、十二地支匯聚成不同的磁場，也各分陰陽，子午向恰恰是屬陰，不發男丁，所以張先生雖有小成，也時時感覺困難。

　　早期的鄉下人建造房宅，隔壁住家不是伯伯就是叔叔，我拿出羅盤測量張先生的老宅，也順便測量了他叔父的老宅，這一測讓我大吃一驚，就差了一點分金而已，叔叔的房子就變成陰與陽的交界，這是不利於宅主的房子，也就是玄空風水所談到的「陰陽差錯」格局，因為在馬路的邊角上，所以他們將房子做成了門口小、內部大，俗稱的「布袋厝」，而這更是加大了不吉之象，所以張叔叔早逝，而其長子也遇凶禍不在了。

　　其實，運用易學來看國際事務，也有挺詭譎的現象，二〇一七年的南

北韓飛彈事件，讓當時世界首強的美國竟然神經也錯亂了，一臉窘態的前總統川普拗說他會解決，但他的國務卿卻語不同調，美國面對貧窮的北朝鮮，完全束手無策，當年韓戰停戰協議，將邊界訂在三十八度線上，這在玄空風水而言，就是一種陰陽差錯的格局，是一種卡卡僵持、進退兩難、談判不下的格局，容易出瘋仔又解除不了的風水現象，也是一個永遠都無法處理的邊界問題！

朋友們倘若要建造房子，就不可以建在三十八度線的正負三度間。然而，巧合的是，在台灣這種房子還真不少！

韓國青瓦台歷任的總統，數十年來少有平安謝幕的，不能不懷疑是青瓦台總統府的風水大有問題，否則怎麼可能個個總統都有問題？國家不大，兄弟又相爭，朝鮮半島夾在列強中間，利益安全各個列強都有盤算，加上風水又不佳，這是朝鮮族人的悲哀，倘若戰爭爆發，死的、跑的、倒楣的，這半島上的人們總會首當其沖吧！

這就是風水學上「陰陽差錯」格局的現象，大人打架，小孩卻被踩死，半島人真是何其不幸。

以房宅形貌取氣很重要

　　我常常在看房子的時候速度很快，一到了現場，幾乎羅盤一打開就可以一目了然，這當然是以四十年來的經驗作後盾，再加上自己的個性坦然不喜歡做作，所以看房子給人家的感覺是：怎麼那麼快？

　　數十年看房子的經驗，到場之後在腦袋裡反覆判斷，有如超級電腦一般，根本沒意義再去裝神弄鬼一番，這就是熟能生巧嘛，畢竟已經是老師父級的大師了！

　　其實，自己出門在外常常也必須要懂得保護自己，若是在有問題的地方，下意識也會急著想要離開不敢逗留。

　　但是遇到大吉的房子，也會引發自己的好奇，會一而再、再而三的反覆審視，一點都不敢大意，在之後的數日裡，腦海裡會不斷反覆出現影像，擔心有否疏漏了！

　　所以責任感讓自己感覺疲累，就如同鑽石珠寶或古董的鑑定師一般，是不能夠出一點差錯的。

　　風水學除了正統的學問之外，也必須注意「以形取氣、以氣帶形」的辨證，建築物形狀或房舍的裝潢，常常也會在不知不覺中造成宅主的煩惱或危害，其人卻渾然不知。

　　有一次出國幫朋友看風水的時候，為了不造成朋友的困擾，就讓友人安排就近居住在他家附近的鄰居房子，這是一個很乾淨又寧靜的公寓大廈

不要結交愛說三道四的朋友！
Don't associate with friends who gossip and criticize!

房，進入房子之後，我習慣上會拿出羅盤測量一下，發現這是一個卦爻有問題的房子，掐指一算，發現床位也在數年之前遇重煞，恐怕曾經出過事端，客廳的陽台窗簾，也被設計成靈堂白色系禮堂簾幕的模樣，再加上是出卦的建築，這就是以形取氣而見不吉的房宅，當時因為是在國外，為了不增加主人家的困擾，擔心為難了朋友，不敢明確告知於他，只好急著先行回國。

另外一個以形取氣又不吉的房子，是位於台北一個極為富有的家族，整棟大樓分別是各個兄弟各住一層，我看的這一層是老二總經理的住家，進入房子從客廳向內望去，走道長廊的盡頭，設計師將它設計成「神位」的感覺，原本可能設計師想放個擺飾品，沒想到竟然變成「神位」的模樣。男主人在一次宴會中喝酒開車，回到自家車庫之後，引擎未關閉就睡著了，導致二氧化碳中毒發生不幸出了意外，當時看到這個案例，的確讓我震驚不已！

風水學上以形取氣的狀態，比例上占比很小，大部分都是以地形來立向，巒頭理氣或家宅內外的設計，以及紫白飛星運程上的使用比較重要。尤其是大樓林立的都市裡，使用羅盤都會受到大樓鋼筋鐵板的影響，常常會出現羅盤飄移不準的情況，畢竟羅盤磁針非常敏感，空曠野外反而比較不會出差錯。

所以，密集大樓的都市非得謹慎一點不可，測定座向是極為重要的步驟，稍有出錯便可以讓整個數據都弄錯，玩笑不得。

山管人丁水管財是真的嗎？

　　我的朋友陳律師是一位國際知名的律師，他和他幾個朋友合夥的事務所，在好幾個國家都有設立事務所，而且業務非常興隆。二〇一八年，我幫助他買了一戶坐北朝南的房子，旺山旺向風水格局相當不錯，但是我也請他們當年不能搬遷過去，最好隔年再搬遷。然而，居住在美國的陳太太卻很不以為然，她很想盡快回到台北，並且能住進漂亮的新家。

　　八宅當中坐北朝南的坎宅，在當時的二〇一八年最不適於入住新居，原因是坎宅在當年是五黃疊之，加上三煞也入坎，這就是《紫白訣》的「坤艮動見坎，中男滅絕不還鄉」格局，而那年是戊戌年，寅午戌年三煞飛入午的對宮，這對於入住坎宅的人最為不利。

　　紫白飛星流年三入中宮或是四入中宮時住進坎宅，最利於發名得利，這是《玄空祕旨》所說「一四同宮、必主科名」的道理。

　　然而，陳律師的兒子年紀還小，也必須將家庭的每個成員都符合命卦，才能夠判斷出來，而大部分的人多以為戊戌年年星入中認為是吉象，其實恰恰相反，而且他的工作頗為特殊，這也必須將它列入考量之中。

　　五黃是正關之煞，不論出現在哪裡，都會興風作浪以致人財兩失，絕不可掉以輕心。《玄機賦》：「陰陽雖云四路，宗支只有兩家。」必須加以辨別，山水之差異一為動一為靜，水動而山靜，那麼動者為陽靜屬陰，這是巒頭山水的看法。

> **老子說：將欲取之、必先予之。我說：不先投資、那有收獲。**
> Laozi said, " To take something, one must first give it." I say, " Without investing first, how can you expect returns?"

理氣的一派看陰陽，就認為山裡龍神是一家，水裡龍神也為一家。所以此時下元當然是以六七八九為當運，這就是陰陽四路了。

我幫朋友找到的這個宅邸旁邊，有另外一個二手屋，從屋子外面看出去，恰巧是另外一棟大樓的尖角，這棟房子屬坐北朝南的癸丁向，在人體而言，癸為足部，我問了仲介，那住宅宅主可有這方面的問題，仲介大為吃驚，果不其然！

巒頭也可以用天干地支來判斷身體的部位，可見風水學的確是很深奧的國學。《紫白飛星》有云：「山管人丁水管財。」山星飛入凶星之年就不宜動土入宅，朋友們可要多留意天地之間的微妙變化啊！

風水傳說中的「氣」是什麼？

那麼多年來，至少有好幾次到鄉下地方的時候，當地的朋友都會興奮的請教我：

「老師，請幫我看看，這個地方是不是有一股很強的『地氣』？」

「您看看這裡是不是有『地氣』呢？」

這個傳說中的「地氣」之說，至少已經在我們的世界流傳達數千年之久了，從來也沒有個正確的答案！沒人承認，也沒有人否認，在這個人云亦云的世界裡，就這麼不了了之，也在人們的信者恆信、不信者不信的傳說中，讓真正的風水學被汙名化，解釋得不清不楚了！

祖師爺楊筠松曾說：「山上龍神不下山，水裡龍神不上山。」這其實是陰陽法則的運用，所指的應該是「不該有山的地方，不能見山；不該遇水的地方，不能見水」，這是指如何讓風水學的旺氣、生氣得到適當的運用而言，這裡所謂的「氣」，是個很抽象的概念。

一般平常的人是無法感受到「氣」的，所以，如果有人告訴你「這裡有很強的地氣」，還是一笑置之吧！鄉下人單純，而且忠厚熱情，如果對宗教又有虔誠信仰，那麼若有好事之徒以訛傳訛，在鄉間就變成顯學了！

以現今的科學而言，沒有任何儀器可以測量風水學所言的「氣」，就算是俄羅斯所造的能量造影機所拍攝的能量圖，也不是風水學所謂的氣。

如果所謂「氣」的傳說是真的，那麼再問問，你要那麼多的「氣」

幹嘛？那麼強的氣，又能幫你做什麼呢？其實「正龍正位裝，撥水入明堂」，這才是正理。

之前，我曾幫某個公司移入了一個我幫助他新建的辦公室，入駐新辦公室之後，我問老闆遷移過來的感覺，他說在以前的辦公室「腦子一片空白，不知道要做什麼？這裡則思緒很清楚」，這就是「氣」，這才是正統風水學的感覺。

更妙的應該是，包括室內植物也會有這種感覺，之前我和好友吳瑞騰先生及吳金濱博士領銜的研發團隊，在南投陳鼎富的協助下，我們栽種石斛專業農場，都有著很顯著不同凡響的效果，深刻地感受到風水「氣」的不可思議！

> 莊子認為，如果能夠乘著天地之間的正道，再駕馭陰、陽、風、雨、明、晦，這六氣的變化，遊戲於無生死邊涯的理域，那就不用等待風起，便能順應萬物的自然之道而成就之，因為「與道合一」，「自我」消解了，始得心靈之大自在，內能遨遊無窮之天地，外能神化萬物而不為「功」，也不用「聖人」之名。
> 也許懂得風水「氣」的運用，你的「氣」也就與天地合一了。

慎終追遠、子孝孫賢的積極意義

　　陰宅在風水學的位階極為重要，卻也是被呼嚨得最嚴重的一個領域，大部分的華人也都很重視祖先墓園所安置的風水，但是部分的朋友，或基於不同的宗教信仰，縱使是華人也不祭祀祖先，便失去了慎終追遠的教育意義，個人雖然不認同，但也體諒年輕一輩的知識欠缺。

　　數十年來，我考證過許多人士的祖先墓園，很多都是我的老朋友，也都是我長期追蹤觀察的絕佳案例，發現陰宅影響的範圍非常廣大，比如子孫富貴與否？家族兄弟情誼深厚或冷漠與否？甚至子孫的健康長壽，都與祖先風水有關。

　　我做這方面的研究工作，並不會隨波逐流去看某些名人的祖墳，那些名流所委任的風水師未必就能找對師父。

　　台灣前幾年有兩個大新聞——

　　二〇一七年一月，辜成允先生在某飯店跌倒而不幸仙逝，只在他父親辜振甫先生去世之後的十二年後發生，這讓我們感覺離奇與不捨，辜先生太早逝了，這是不應該發生的事情！以我的經驗來看，或計是辜家的墓園出了差錯，才可能會發生這個不幸。

　　再來就是另外一位形象正面、又年輕富帥的嚴凱泰先生的逝世。更讓人覺得人生在世的苦短與不堪，二〇〇八年八月，嚴先生的母親吳舜文女士仙逝，嚴先生卻在二〇一八年的盛年過逝，十年之間就出了這件大事，

透著離奇！顯然這是不應該發生的，我判斷有可能是吳舜文女士的墓園有異，否則怎麼可能短短幾年又來個孤兒寡母，這讓人非常難以接受。

一位對我非常敬重的好朋友，我們在二〇一五年相識之後，也帶我去台灣北部的某北海墓園看看他們家的祖父母塔位，這是個很糟糕的靈骨塔，我當場便將實情以及嚴重性告知他們夫妻，可是他們的家族已受到祖墳不佳的影響，造成兄弟手足之間猜疑妒嫉不和諧，根本就各持己見難以溝通，所以無法遷改祖墳，這也變成上樑不正下樑歪的扭曲現象，造成日後事業財物必須不斷的補破網，讓家族兄弟人人都疲於奔命，骨肉相殘的事更是人間悲劇啊！

新店、關西、台中等地，其實都有很多有著大問題的靈骨塔，很多家庭的貧窮與病痛都與此有關係，這實在應該認真地加以重視。其實，不只是台灣如此，我在浙江、福建也看過很多風水不佳的風水，也看到因此導致破產甚至逃亡的案例，朋友們可要謹慎重視才好。

《水龍經》：「人秉天地之氣而生，乃生者不能不死。故生必有宅，死必有墳。若宅墳俱吉，則人鬼均安。人安則家道興隆，鬼安則子孫昌盛。是故，人當擇地而居，尤當擇地而葬。」這是《水龍經》給予我們的智慧，數千年來周易衍生的儒家與道家，正是陰陽的兩面學說，其所追求的人生幸福與內涵，即是陰陽協調圓滿的人生之道。

成就大事的要素——天時、地利、人和

　　在風水學的研究當中,很多人都喜歡玄空風水裡所談到的「旺山旺向」,希望能夠也擁有一戶這樣的房子,但這樣的房子有很多嗎?

　　當然是需要花時間去尋找,整體而言,不論在何處,大約只有百分之十左右,而且也不是所有的「旺山旺向」都是好住家,它仍然有它的其他條件,其中最關鍵的應該算是「巒頭」(外部環境的形態),巒頭若是不對,就別談到「理氣」了!

　　玄空風水學的四大格局:「到山到向」、「上山下水」、「雙星到向」、「雙星到坐」,一般都主旺財又旺丁,人財雙傑。

　　其實,這幾種格局都非常講究時空背景,每一個運的旺山旺向其實都不相同,作用也不同,也會有它的強弱盛衰。這裡談到的時空背景,主要是指第幾運的房宅來論斷,其實我更重視「元運」的運用,這就免不了要談「選擇吉日之學」了!

　　就像烹調牛排,我們在烹調牛排的時候非常講究「慢火」,所選擇的牛肉更是講究「牛隻的年齡」、「所用的部位」,若是不懂「慢火」烹調,那甜香汁味兒,就很難飄香了!

　　起造房宅或安葬先人的陰宅,也講究時令,講個例子吧!以坐北朝南的房宅,屬性為五行的水局,當然是秋冬來使用最好,這是取其金秋來生北方水,令其相生到旺,否則也應該是冬季的水,和所居的坎宅水比和而

> **人生沒有大的氣度，就沒有大海般的財源滾滾。**
> Without great tolerance, one cannot have a vast, endless flow of wealth.

用才是最吉。擇日又是更為重要的一環，有一次我的朋友傳給我一個日期，他想為先人靈骨入塔。

當時為「十一月一日，農曆的十月初五上午九點。」這個擇日明顯有著破綻，明眼人一眼就可以看出毛病，所以我就以我的看法，另行幫他選了個吉日。

現代社會，一般人都沒有風水學的知識，長輩若是出了事情，往往無人可以諮詢，從事禮殯服務業的業者，往往會以他們的人員調動方便，來為人們服務，這就可能惹來巨禍了！

而家屬們在巨變當時，往往也是六神無主，根本就不會想到「擇日」就是最為關鍵的重點，它的影響非常巨大。

多年來，我雖然主要的寫作內容都以風水學為主，但是也常常會輔助以「成功學」為主體的潛意識內心世界，這兩個看似不同的學問，其實若是相輔相成，所散發出來的力量，也可以有著「超音速」的成就。

潛意識是目前科學所知中，可以影響命運的一種方法，我們的「信念」會轉化為「想法」，再進而變成「行動」，最終產生了「結果」。

如果你問我「風水學」與「潛意識」什麼重要，「風水學」的力量是毫無疑問的，「住對房子，富貴一輩子」便是真理，也很實際的。

選擇吉日辦事也是成功的一環

有一年過完春節,就有兩位的朋友家中長輩過世。感覺上這種事情,似乎都在年後最常出現的現象,年紀大了,抵抗力也會偏弱,尤其是年長者,的確是較為不耐風寒邪氣。

春三月間,在易學中走在震巽之間,山林茂盛生長,正是感冒最容易發生的季節,朋友們尤其要注意。

我的朋友很謹慎也很細心,我幫他去世的母親選好吉時吉日做告別儀式,他仍不放心的傳個 line 給我。

「老師,您選的日子沒問題吧?」

我回答他:「沒問題,我每件事都要求完美,這是我的特質,所以我才有機會成功成名。」

大部分的殯葬業者都不懂擇日,更不懂風水,他們是辦事情的人,只要家屬沒意見,他們都會抱持著愈快愈好的心態,好讓鈔票趕快入袋。不過,這也是人之常情,不能見怪於業者,在醫院的太平間,更不乏他們的公共關係。

我朋友的態度是對的。畢竟一輩子就這麼一次處理長輩的後事,大部分的人都沒有這種經驗,發生事情都委由業者幫忙處理,但是不論墓園選擇,或是入宅、動土、結婚喜慶,選擇個吉時吉日,其實都非常重要!

「查地理與天時並重,惟地理定悠久之興衰,其應遲。天時見初年之

禍福,其驗速。銀峰先生不知何時人,撰著奇書簡而明,實為星家祕訣,書內所開吉凶日期無不應驗奇中人皆欽服,其書傳自商山公,得之行道數十年與人造福,即此書也!」

我曾在一排風水皆算是上吉的屋宅勘查過,但是他們裝潢或搬家時間不同,五年後竟然發現他們的成就也大不相同。

多年前,我的一位朋友,他的父親墓園用了大凶的日子遷葬,兩夫妻並不知道,以致後來常看到他們總是憂眉深鎖,一天下午我約他們去關西看墓,當場告訴他們,他們的風水師壞了一鍋粥,弄錯了!

過了三個月,夫妻倆雙雙來我家,請我幫他們重新造墓。我當即告訴他們:「這就對了!」

站在我的立場,我不適合請他們重造,若是他們有意,這是天意!我就有立場可以幫助他們。重新造墓之後,他們的家庭有了極為發達的表現,只可惜現在少往來。因為我自己也忙,實在也幫不了太多人,一切都是緣。

為什麼在風水學中要擇良辰吉時?

由於節氣反映了地球圍繞太陽運動的過程,也是每年季節變更的重要指標,該種植的農作都有它的時機,時機對了才能種瓜得瓜,種豆得豆,因此風水學中也很重視擇時。自古,節氣對農業生產非常重要。

懂得運用風水，則無往不利

　　任何的風水現象，都必須要做過實驗，才能證明它是有用的風水驗證，這種情況有一點像似醫學上所做的藥物試驗，科學的精神不也就是「大膽假設、小心求證」嗎？

　　例如，我們常常所聽到的「壓樑」，也就是屋樑的底下不能設床位，幾乎每一個人都知道樑下是不能夠睡覺的，這種情況幾乎成為顯學，是人人都認定的事情了！但實際上是可以睡覺，還是不可以呢？

　　縱使是老牌的風水師，一生中也很難碰到壓樑的床位，主要是大家都會主動的去趨避，所以很難見到。

　　有一天我去某一位朋友阿祥的家裡，就見到他二十多歲的長子所睡的床位，頭上正是壓樑的狀態，而且樑柱非常明顯，我的這位朋友一家五口人，基本上都很和樂，經濟狀況也算是很好，看不出有任何的異狀。因此，我相當懷疑這個流傳多年的看法，我認為「壓樑」的舉證不夠多，應該是不能成立的說法，至於將大樑用裝潢掩飾或不掩飾，筆者認為都可以，不會影響風水。

　　反而是樓中樓的樓上或小閣樓，倘若太矮或太低或太小，都很容易產生壓迫性，住在其中的人難以伸展手腳，加上屋宅風水不佳，這就會使得居住其中的人產生不良的性格或鬱悶的情緒，這樣的情況反而很常見，這是比較有徵驗，可以拿出統計資料，較為可信的說法。

> 沒有滿腔熱淚，哪有今日英雄！
> Without shedding many tears, there would be no heroes today!

我掐指一算向前推測，算出二黑病符星，會在某一年飛到阿祥他家的西方，正巧就是他們家的大門，這個房子大門正上方的二樓，正巧就是媽媽的床位，所以老人家在那一年生病過世了！阿祥夫妻帶著三個小孩住在三樓，也在同一個方位，孩子的睡床和樓下祖母的床位完全相同，這就甚為不妥，應該要移開床鋪！

這就是用統計學的理論來看風水，所以我會說風水學是很容易通過科學驗證的中國五術，很值得大家認真去看待它，他人犯過的錯誤，自己千萬要避開。相反的，很會賺錢的人所住的房子也有一定的徵驗性可循，所以《紫白訣》「二黑飛乾，逢八白財源大進」的這句話，真的很有道理。

風鈴是不可以隨便掛的

　　學習風水學三十多年，前面的十年都在摸索，自己也不知道對還是不對，只是依照著自己的所學認真地去做而已，也做了很多的觀察與實驗，去驗證所學到底正不正確。

　　我的老家在中壢的中原大學附近，早年正在找驗證資料的時候，難免會去思索老宅鄰居各個家庭的狀況，有一天，猛然發現老家那一排的七八戶人家，都有一個「怕老婆」的共通現象，怎麼會那麼巧呢？為什麼這些住家都是女子當權呢？而且並不是一個案例而已，而是大家都如此，這給了我很大的震撼，心中卻是暗暗心喜，這是風水學的「物理特性」，我的風水學就從這裡起源了！

　　在風水學上，讀者們皆知我是不相信可以用八卦鏡、貔貅、水晶球、聚寶盆等等物品來轉煞或聚財，我始終認為這是商人賺錢的法門。但是，我卻相信用磁鐵來化五黃的邪氣，或是用窗簾的顏色來增加旺氣。

　　有部分的風水師會用風鈴來化二黑的病符，風水學上紫白飛星的二黑星是病符星，隨著地球的自轉與公轉，它每年都會走在不同的方位，早年我也認為二黑星屬土，用風鈴的屬金特性，正好可以用土生金的方式去解二黑的病符，但這到底對還是不對？這個方法真的有用嗎？

　　某年某月的某一天，住在隔壁的阿財哥帶著一包好茶來我家，大家聊著聊著，阿財就問我：「你可不可以找個方法幫我發點小財？」

其實那個時候，我也很好奇這些風水玄妙的絕招到底有效還是無效？但是，當時自己的經驗也不夠。當年二黑星正飛在我們幾戶人家的大門上，仗著自己還年輕，這時只怕窮，可不怕生病，哪怕它什麼病符星。《玄機賦》有句：「二黑飛乾，逢八白財源廣進。」風鈴正是五行屬金，何不建議阿財在住家大門上裝置一個風鈴試試看，於是第二天我們兩家就各自裝了一個風鈴在門口。

一週後的星期天，財嫂邀我去他們家吃晚飯，飯後喝茶的時候，賢妻良母的財嫂說她連續兩天都夢到很不舒服的事，嚇到驚醒起來！我連忙請他將風鈴取下，因為幾天來我也做了幾個惡夢。

二黑飛乾「用風鈴替代」倘若不是逢八白，而是五黃飛入，就會形成天、地、人三卦齊會，這反而會夢到鬧鬼，而不是發財了！古人說「富貴險中求」，還真是有那麼一點道理。

從此以後，我從來不讓人在家掛風鈴了！因為音波極微小的共振，會讓腦部受到刺激，導致產生幻覺，這也是為什麼小時候父母都會教我們，晚上不可以吹口哨，在夜間尤其被禁止的道理。

> 聲音對人體的影響很大。聲音專家朱利安‧崔蘇爾（Julian Treasure）在 TED 演說時，詮釋了聲音對人體的影響。他認為聲音隨時在影響賀爾蒙分泌，像是清晨的鬧鈴聲，會讓身體產生起床的反應，舒緩輕柔的聲音則能幫助睡眠。聲音對身體的影響是全面性的，對於生活周遭各式各樣的聲音，我們可以挑選好的聲音，來提升生活品質，進一步帶來健康。

「財位」真的存在嗎？

　　常常我都會感覺自己很幸運，進入風水學的研習過程裡，幾乎都沒有走錯路，才能夠到達今天的境界，風水學和醫學是有些許部分是相關的，風水學也需要通過大量的統計資料去觀察，並且找出每個個案的同質性加以判斷，風水格局做好之後，也要經過時日的追蹤觀察，來了解是否做對了，這跟病患診斷吃藥之後的觀察非常雷同。

　　市井有一種說法，「進入門宅的對角，就是家裡的財位」，這是流傳很久的錯誤說法，是某家出版社的一本書所介紹的。妙的是，很多人都想用最簡單的方法找出財位，所以這個說法便以訛傳訛地誤導流傳數十年。

　　財位在風水學上的確是存在的！但重點是如何運用呢？這是很多人都沒有想到的事。財位又在家裡的哪個地方呢？財位一定要放個保險箱嗎？還是放個聚寶盆呢？相信是很多人心中的疑惑。

　　我做過很長時間的實驗，很多年前我也買過七星連珠聚寶盆，也買過三個鹽燈，擺放在家裡火生土的方位做試驗，現在想想實在好笑！好荒唐！任何的聚寶盆水晶洞之類的東西，其實都是沒有意義的裝飾品而已。

　　在玄空風水的理論上，財位必須用五行相生相剋的方式找出來，每一間房子的財位都不一樣，必須睡在財位才會有作用，風水是能量的作用，睡在上面就是幫自己充電補充能量，讓自己有正能量的思維，能做正確的判斷，心中常存德行，而且這種能量必須長期累積，這就是很多富有的人

> **風水可以廣結善緣，卻無法普渡眾生！**
> Feng Shui can build good relationships, but it cannot save all beings!

很有錢的原因，它沒有投機取巧的空間，請記住，「富人是長期都累積財富才變成有錢人」，這是人生法則，永遠都不會改變。

玄空風水對於財位的論述很有哲理，我談件事來做說明吧！二黑飛星是病符星，這顆星星到來時往往也會帶來病痛，但是二黑飛星到生氣方，却會變成「二黑生氣先旺財」，以八運而言，二黑飛星飛入東北艮方，命吉者固然吉上加吉，若命運不夠強，則反主多病。

在過去的很多年裡，我在許多朋友身上做實驗，經過多年傳回來的結果，成績斐然，這是個明確的證明，就立即複製在更多朋友身上，成績就更加顯現，讓我真實見證了「財位」的存在。

關關難過關關過——路沖的問題

在風水學裡很多人都很怕路沖，陽宅學是以形取氣，也以氣來取形，而路沖便是各種形煞最被人關注的一種形態。

路沖的房子一定不好嗎？民間也有各種不同的說法，讓很多路沖的房子，尤其是二手屋變得成交困難，路沖也變成人人都懂的風水知識。那麼，這是真的嗎？傳統的觀念裡，路沖一定會發凶不利宅主嗎？在桃園我的家鄉附近，有好幾個路沖的店面，生意卻是好得不得了！

首先是中壢SOGO百貨附近的慈惠三街，好吃又實惠，豐富又可口的「大四喜」，坐東朝西，還是個大路沖，它的小米粥、蔥油餅名聞遐邇，小菜多樣又可口，生意興隆已經很多年了。

在平鎮區文化路上的「懶得煮」，也是菜色新鮮多樣，服務快速又親切的一家麵店，生意幾乎可以說是賓客雲集，好得不得了，但它卻是和「大四喜」反向，是個坐西朝東的大路沖。

中壢區有一位腸胃科生意興隆的權威醫生，他至少生意暢旺超過二十多年，以前租用在元化路的診所也是個大路沖，他就是在這裡成名得利的，現在自購的診所，仔細看看，如果不注意真的看不出，也是個大路沖，這位富翁級的醫師也真是好運氣。

其實，路沖必須看業主經營的行業，如果是與吃有關的行業，或餐飲或醫藥或警察局或法院等等與口舌是非有關的行業，有時反而主大吉。

> 做事不只為了賺錢，是為了替人間造福，賺錢只是附屬品！
> Work is not just for making money, but for doing good in the world; money is just a byproduct!

不過，必須看看房子是六運建造，還是七運建造，以上所談到的幾家生意興隆的店，幾乎都是七運（一九八四年至二〇〇三年）以前所建的房子，當然是大吉。

如果是辛山乙向、酉山卯向的房子，在下元運裡，只要內部格局吉利，一般而言都是大吉，而且愈沖愈發，其實全省各地這種例子俯拾皆是，說句極端的話：「不沖還不好呢！」

當然，路沖的房子也有大凶的，尤其是上水而下的路沖，那可不是開玩笑的事。所以，必須看宅相的吉凶來判斷。

「住對房子，富貴一輩子」實在是很有道理的一句話，就拿美國前總統川普為例，他在二〇一八年時與普丁會面，新聞傳回美國之後，引起全美一致的怒評，大罵川普公然「賣國」。當時，我便懷著看熱鬧的心情，看看它會有什麼結果？

那幾年的川普大總統被批判得還不夠嗎？從「通俄門」、「嫖妓案」、「對女王沒禮貌」等等，他總是「關關難過關關過」，我看紐約市第五大道的川普大樓，即使是華盛頓特區的白宮，都是北面的大路沖，卻也是風水大吉。所以，就算是一片怒罵，在我看來，總統大人還是穩坐寶座，「美俄會談事件」只是一抹雲彩罷了！

家裡的神位要供奉在哪裡？

　　華人社會總是帶著崇敬、善良、孝親的美德過著守法守分的生活，對於菩薩都是心懷崇敬與感恩，這也給予社會一個無形的律法，讓大家不敢逾越道德，講究人情道理不遑多讓於律法。

　　很多人自古以來都有在家供奉神明的家規與習慣，這種家訓在華人圈極為重視，也極為盛行，尤其在台灣、福建、廣東、香港，甚至潮州人也帶到泰國、馬來西亞、新加坡、印尼等地，都有在家或在公司、工廠供奉神佛的神位，只是很多人都不知道要供奉在哪裡，才是最恰當的所在。

　　風水學其實也很重視神明廳的位置，基本上要以寧靜方為主，不宜供奉在吵鬧喧囂的場所，各地方所信仰的神佛，也要有不同的要求，例如供奉媽祖娘娘，應該以神像朝大海的方向為宜。

　　又如供奉關帝爺的面向應該朝向西方，不能朝向東方，必須切記，關帝爺是西蜀大將，卻在荊州敗退時被東吳大都督所殺，所以他心向西蜀的大哥劉備，為表現他的忠義，神位向西為佳。

　　另外，也要重視關帝爺的神像，個人以為關帝爺以拿大刀、自信又傲氣的型態最為威武，最適用於供拜，此時正是他處於得意的時候，切莫用夜讀春秋的關帝爺，這是他不得志之時，而且武將無刀也難顯威武。

　　出卦或是陰陽差錯的陽宅，倘若供奉神明神桌，有時候會太神準，甚至準確到令人恐懼的地步，還是減少一份麻煩比較好。現代的人隨著房價

的飆漲，房子愈來愈小，想要找尋個好地方供神或供放祖先牌位都頗為費神，所以我也常常勸阻部分朋友，多去廟宇拜拜吧！請神容易送神難，倘若家裡太小不夠寬闊，也別讓菩薩跟著自己受委屈，這才是正理，可以提供朋友們參考。

風水學將神佛或祖先的牌位，都會供奉在生旺氣方，風水學家將房子的八方，用五行八卦的生剋關係，衍生出生氣、旺氣、殺氣、退氣、死氣等吉凶方，依長期的觀察，以供奉在生旺氣方為最佳位置，人有肉身可以壓煞，因此可以住殺氣方，但是神明祖先沒有肉身，不宜供奉在殺氣方。

四綠文曲星本來就是大吉星，但是文曲四綠卻最懼佛菩薩，也不宜安放大神，但是密宗佛堂則無礙，因為密宗佛堂統管五部，四綠文曲歸類為護法部，所以佛堂神位，都在於你的信仰而定。

氣口水局是豪宅吉凶的樞紐

　　彭太太移民到毛里求斯已經四十年了！她很擅長手相與面相，而且頗有心得，料事如神。之前她回台灣的時候，在書店看到我的書《住對房子，富貴一輩子》，就一直希望我能夠來這裡幫助她釋疑。

　　彭太太是一位來自苗栗的客家人，千里迢迢來到非洲的毛里求斯，就在這裡生根打拚持家，帶領著兩個兒子成人成功，並且各在各的工作崗位上擁有事業與地位，是一位了不起的客家婦女。也許是因為她也懂得命理學吧，所以她也堅信風水學，並邀請了數位風水師、修行者來毛里求斯幫她看風水。

　　我們先去看看她兒子的家，我直率的將所有住家中發生的問題全盤說出，而且還把「證據」拿出來。其實玄空風水學本來就可以鐵口直斷的，這又何必避諱呢？看房子對就是對，錯誤也得直說，當初在建宅的時候，土地就弄錯不該買下建宅，那可不能將就下去的，錯誤了就該認錯，否則如何面對自己的下半輩子呢？

　　我常常說真正懂風水的人，絕對是極少數的，找錯醫生治錯病開錯刀，那可是要命的！坦白說，在台灣有太多的人詭稱「修行」，但不懂風水卻裝懂，風水看錯可是會害死人的！這種行為是星家大忌，是失德的，日後是會傷及自己福德的。

　　朋友們也不必一聽到「修行者」就以為有什麼了不起！但台灣社會信

> **誰都知道風水輪流轉，就是不願去改變！**
> Everyone knows that the wheel of Feng Shui turns, yet they are unwilling to change!

仰自由，存在許多邪魔歪教，不可不慎！朋友們若是內心真誠對宗教有信仰，還是選擇正統佛教或天主教或基督教等等吧！若有滿腔熱心，道家廟宇文化我也很贊成的。

我們回到路易港區她開設的公司，這條街就是個出卦形成的街道，這個路是個能富卻不能成雙成對的街道，我的朋友已經寡居二十年了！妙的是，前一手的賣主也是單身，所幸她公司的主位正是財位，是可以買田買地的大吉之方，這也透著一份玄妙，或許是她多年來行善不斷，為己積德所得到的善果吧！

玄空風水論證頗有一套學理，縱然使用的羅盤都非常講究，佈置建設用地宅基都極為重視紫白，更在「氣口司一宅之樞、龍穴築三吉之輔」不敢大意，但催官水及照水之間絕不能用錯，然而彭太太兒子看到的房子水局氣口都弄錯了，實在糟蹋了寶地，哪能聚財啊！可見庸師之禍，早已污巇人間久矣！

來到這裡四天後，發現毛里求斯土地還算低價，取得也不算太難，人口也僅一百多萬，若是要造個大吉之宅，比起兩岸三地，在條件上簡單多了，更可以大膽的說，成富不難，主要就是障礙較小，風水格局布置容易。因此，我可以說，只要你給我的料理食材足夠，我必然可以給你一桌好菜！

進入「九運」之年！

很多人並沒有看風水的經驗,那麼,就讓我簡單地介紹看風水的過程吧!邱先生在新竹開設一家便當店,生意算是非常不錯,夫妻倆卻跟我說經營了十多年,卻存不了多少錢。

當初他們聯繫我的時候,聽到我的費用也遲疑了一會,畢竟薄利多銷的行業,總有阮囊羞澀的時刻,但是看風水是讓自己能夠更賺錢的一種法則,也是轉變命運的樞紐。

自助餐店有兩道門,一道是晚間時刻用來關店的最外面的鐵門,一道是白天最方便用來迎客的鋁門。邱老闆每天早上所開的店門,就是開在最凶的鐵門,門向一旦錯誤,在玄空風水上,代表的就是「貧」與「病」。其實他們的生意會那麼興隆,就是因為「鋁門」開對了。而不能存錢的原因,就是每天早晚進出開店、關店的「小鐵門」錯了!很玄吧!

我準備離開的時候,指著他們的隔壁的商店說:「這家店每兩三年就要換一個老闆,是嗎?」

夫妻倆大吃一驚,急忙說著「正是如此」。其實他們的店面,每天早上開門和夜晚打烊的時候,只要改用電動搖控門,不要動小門,就跟隔壁的那個店不一樣了。就是那麼簡單,不用放那些雜七雜八的八卦鏡、山海鎮也可以漸入佳境。

其實,世界也正在轉變,例如從二〇二二年開始大放異彩的電動汽

> 風水考驗人性，先考驗你的疑心、再考驗你的決心，最後考驗感恩的心。Feng Shui tests human nature-it first tests your suspicion, then your determination, and finally your sense of gratitude.

車，而電動車正是能源的代表商品。現在天運進入九運了，這是九離火運，但運與運之間並不是立即轉變，而是漸漸地變化，從大流行病開始，這個世界有很多的事都在轉變，我們將一起走進未來，另外一個不同於以往的生活型態。

九離是火運，火代表著能源，表示著歐洲將發生的戰爭，會造成世界能源的困窘，也代表九運的特徵正在進行中，三元九運是火，表示著地球暖化在未來的時間裡，將著實令人擔心，若是領導世界的權勢者還不能領悟減少暖化的重要，未來不論是黃種人或白種人，誰都拿不到好處。

《易經》上說：「有天乾地坤，然後萬物生焉，盈天地之間者唯萬物。」有天地之後，然後有萬物的產生，天地之間充滿萬物生機。天地宇宙不斷運行變化，然而人心和天地一樣都在無常變化，會把自己成就或毀滅的往往都是自己！從易學、從風水學來看人生，的確是一件很有趣的事情，大成功與大破敗的交界，在各行各業中，都會有不同的轉變。但有時候，在一念之間就可以轉變很多事，《太上感應篇彙編》云：「拈出心字，示人以善惡之機，欲人知謹於源頭處也。」命運也是在每一念之間不停的轉動著。這一切改變的源頭，就在這一念間。《太上感應篇》：「其有曾行惡事，後自悔改，諸惡莫作，眾善奉行，久久必獲吉慶，所謂轉禍為福也。」我們以此共勉之。

天運正在準備轉變的時候，我將帶領著我的好友們一起向更棒的人生邁進，這是我的福氣，也謝謝好友們長期以來對我的喜愛！

附錄
風水大師智慧語錄

・風水提供你無限的想像，貧窮限制你的想像。

・佛菩薩無所不在，只是你不相信而已；
　問題在你，不在菩薩。

・誰都知道風心輪流轉，就是不願去改變。

・不要跟豬打鬥，你會把自己弄得全身發臭，
　牠還感覺莫名其妙。

・對人要厚道、要大方，這樣福氣才會來，
　因為有很多資訊就是由平常的人給你的。

・不要跟惡狗對吼，旁人會把你看成神經失常，
　而牠還會想繼續跟你找碴。

・成功並不是跟著成功者學習而成功，
　而是在你的失敗教訓中學到成功。

- 沒有吃過苦，又擁有一帆風順的人生，
  一旦跌倒便很難再次成功。

- 待人大方，跑來人才；待人小氣，災禍自來。

- 一旦有膽識，任何事情必定成功。

- 你應該把不喜歡的朋友當貴人，
  而把喜歡的人當成平庸的朋友。

- 挑戰自我吧！不為五斗米折腰。

- 教堂和廟宇都非常神聖，但人心就不一定那麼完美了！

- 天生就很笨，其實也很好，多唸書幾次，終身忘不了。

- 世上最丟臉的人，就是怕丟臉的人。

- 任何一種快樂，都有一種痛苦和它相對應。

- 菩薩很不公平，同樣的一顆心，卻有好心、壞心的分別。

・有億萬財富的人，就怕自己失去身分，雖然處在富人群中，
　自己卻變得越來越孤獨。

・他人建宅出賊寇，我的設計出富侯。

・上帝造黃昏、黎明如此燦爛，卻把人心造得如此醜陋！

・時間不語，卻說明一切；歲月不言，卻印證真心。

・跳舞的步調錯了怎麼辦？繼續跳下去就對了！
　人生也是如此，面對低潮，只要能活下去，你就有希望。

・通往成功的道路不只一條。不論你多麼成功，
　都絕對離不開風水的影子。

・風水最重要的地方，是它的價值，而不是他的價錢！
　如果談到他的價錢，那麼，它是無價的！

・常常都認為自己很聰明、很棒的人，其實就是最笨的人！

・把吃苦當作進補，你就成功了。

- 活,也要活在富人堆裡。鄰居有錢,你也富!

- 從未來的未來看未來,你會很快樂的!

- 想要改變這個世界,我們有這個力量嗎?
  只要存著那美好的夢想,世界就會因為你而改變!

- 最難熬的日子熬過了以後,才會發現,
  就是那段日子成就了自己。

- 在你的夢想中想得到任何東西,最可靠的辦法,
  就是你得和它匹配。

- 劍客手上有一把劍,所以很多人都想找他比劃一下;他手上有
  金銀財寶,所以很多人都想找他投資一下。(財不露白法則)

- 風水,可以說是一個信仰。而信仰,可以創造奇蹟的!

- 人生順遂與否,決定在犯錯多寡。

- 馬克・吐溫說:「喜劇」就是悲劇加上時間。
  我說:不論人生是喜劇或是悲劇,投入時間你就會變成喜劇。

- 有人口吐蓮花，有人魔言魔語。一句讚美的語言，可以讓我快樂三個月。

- 放棄，就只是一句話而已；鼓勵，也只是一句話而已；成功，是前面兩句話的總和。

- 平凡的人總是為自己考慮，很少考慮別人。偉大的人總是替別人考慮，很少考慮自己。

- 別讓昨天影響了今天和明天。昨天再燦爛，也是昨天；昨天再難過，也是昨天；今天和明天，快樂相迎！

- 每個人都有他一生的故事，這倒不在於它是多麼的長久，故事的精彩才是重點。

- 人生總是讓我們曲折波瀾，捱過孤獨、滄桑、唾棄、病痛，我們總會度過那條鴻溝，迎接我們的將是喜悅、讚美、羨慕。

- 我的身上只有百分之二的靈感，可是我卻有百分之一百二十的認真。

- 許多人讀書十六年大學畢業，我是讀了六十年人生哲學。

- 任何一座城池一定都有破口，給我時間，我一定可以找到它的破口。任何一個異性也有心軟時刻，給我時間，我一定可以找到最佳姻緣。

- 努力不一定有回報，但不努力一定有惡報！

- 父不慈、子不賢，所以富不過三代，
  唯有坦承無知，方能無所不知。

- 沒腦筋的人總是指責著聰明人，聰明人總是笑笑的聽著他指責。兩者之間不就是智慧的分界。

- 魚群理論：大家都在玩的遊戲，千萬審慎要避開。一群小魚搶著吃食，小心漁夫張網準備撈捕。

- 自己不了解的領域，千萬不要輕易冒險。那個溪裡或有漩渦，那個山裡或有山魅。

- 想辦法找到睡覺都可以賺錢的方法，你的人生將會快樂許多，風水便是其中最重要的選項。

- 看風水第一原則：永遠不要找錯人！
  第二原則：永遠不要忘記第一原則。

- 當你願意和他人共享財富，告訴你一個好消息：
  你足以成富！福田自己種！

- 很多人以為成功是因為努力而來，真正的說法應該是，
  成功是你的性格造成的。

- 我們常常拜拜！跪求菩薩！也敬天敬地！那麼菩薩在哪裡？其實，菩薩就是你！當你發善心的時候，菩薩就在你身邊，從來不曾離開過你！

- 「菩薩不玩撲克牌」你知道什麼意思嗎？因為，菩薩是腳踏實地的，菩薩從來都是不投機的。

- 成功者，什麼都感覺是容易的；一般人，什麼都感覺是很難的；失敗者，什麼都感覺沒希望的。

- 你要先忍著疼，病才會好！你要先懂施捨，好運才會來臨！這是定律。

- 當你想要傷害他人的時候，其實就是自己走向墳場的那一刻將要來臨了！

- 機會就像一陣風，輕輕的吹來，也輕輕的離開。春風還是秋風？就看你會不會把握到機會！

- 相愛容易相處難，兄弟姐妹何嘗不是，知交至友也是！

- 誰堅強，誰就成功；誰懦弱，誰就吃虧；誰使壞，誰就倒楣；誰爛情，誰就敗家。

- 花若盛開，蝴蝶自來；人若精彩，天自安排。

- 人的一生當中，常常都是去想怎麼解決問題。可是高明的人，應該是不讓問題發生，這是很重要的人生哲學！

- 與其坐以待斃，不如起而行，奮戰到底大戰一場，縱使戰死人生也輝煌！（正面迎擊）

- 處處碰壁不代表沒有機會,破殼之前總是要奮力掙扎,這個時候自己若放棄了,那絕對會讓自己窒息!

- 悲傷的眼淚、快樂的眼淚,化學成分不同。透過星塵與天體的運行方式,自動結合成快樂的樂章。

- 當你不得志的時候,敵人特別多;當你受肯定的時候,朋友特別多。

**以下有關風水學的十五條，
驗證四十多年仍然準確——**

1. 房宅若好，此宅必出狀元郎。喔！還有祖墳風水。

2. 住在豪宅大樓的人最可憐，因為出入只剩大門和僕人電梯，一旦煞星飛到門，馬上事端百出。

3. 風水考驗人性。開始時考驗你的疑心，再來是考驗你的決心，最後考驗你感恩的心。

4. 風水是一種信仰，信不信都是一種選擇。

5. 風水是最講究孝道的學問。寒門出孝子嗎？
   其實孝子多富人。

6. 好風水也會帶來好運氣。

7. 風水也是一種聚落的同質效應。

8. 成功致富都有好風水的影子。

9. 風水沒有僥倖的空間,但很不幸,很多人都忘記了。

10. 風水不是唯物論,也不是唯心論,而是唯氣論。

11. 紫白飛星才是風水學的靈魂。

12. 玄空風水是運虛御實的法門,凡夫俗子深哨入門踏境界,一照一式節節貫穿,如長江大河滔滔不絕。

13. 風水可以廣結善緣,無法普渡眾生。

14. 以前的人說,我要努力賺錢,住在好風水的人,卻是努力花錢,還會更有錢。

15. 拿著羅盤在家裡看房子,保證是騙子。家裡水泥地上的鐵會影響羅盤的準確。

風水大師

風水大師

風水大師

富人講究
窮人將就

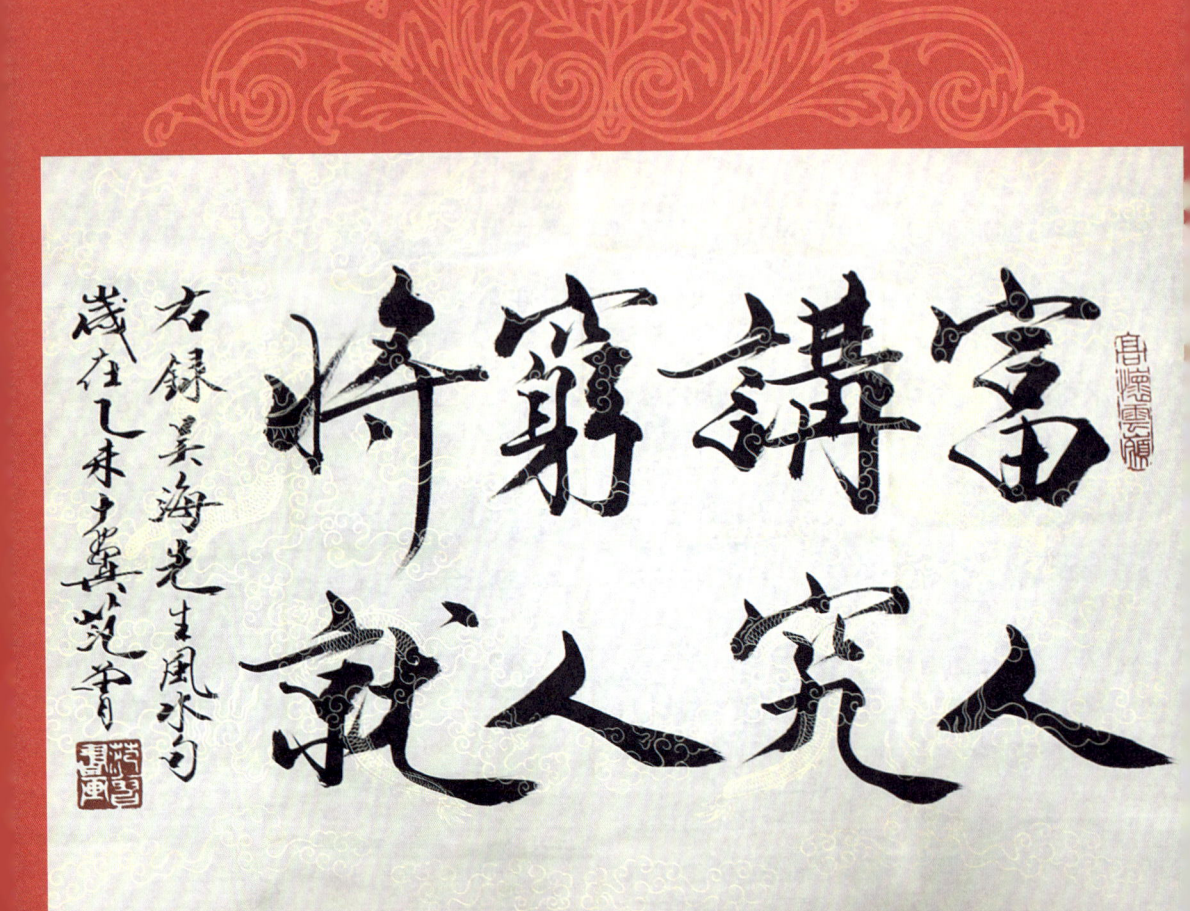

右錄吳海光先生風水句
歲在乙未之冀英范書